KAMTSCHATKA
Land aus Feuer und Eis

Vadim Gippenreiter

KAMTSCHATKA

Land aus Feuer und Eis

Mit einer Einführung
von Robert Perkins

Gerstenberg Verlag

Foto Seite 2: Der Ausbruch des Tolbatschik

Die Deutsche Bibliothek – CIP-Einheitsaufnahme

Gippenreiter, Vadim E.:
Kamtschatka / Vadim Gippenreiter.
[Deutsche Textfassung von Christiane Bergfeld].
Hildesheim: Gerstenberg, 1993
ISBN 3-8067-2072-X
NE: HST

Deutsche Textfassung: Christiane Bergfeld
Die Originalausgabe erschien unter dem Titel „Kamchatka".
Konzeption und Produktion: John Calmann and King Ltd., London
Ein John-Calmann-and-King-Buch

ISBN 3-8067-2072-X

Inhalt

Einführung

Nur noch wenige Gegenden der Welt kann man nicht als bekannt voraussetzen. Zu ihnen gehört Kamtschatka. Den meisten Europäern und Amerikanern kommt der Name exotisch vor; wofür er steht, ist ihnen unbekannt. Für Eingeweihte aber war die Halbinsel immer von besonderem Reiz.

Ich stieß als Jugendlicher bei einem Spiel namens „Risiko" zum ersten Mal auf Kamtschatka. Dieses Spiel spiegelte das politische Klima der fünfziger Jahre wider: Ich ließ den Würfel über eine Weltkarte rollen, meine Armeen (dargestellt durch bunte Holzklötze) aufmarschieren und konnte mit etwas Glück meine Geschwister im Wettstreit um die Weltherrschaft schlagen. Um aber direkt von Rußland aus in Amerika einfallen zu können, benötigte ich dieses merkwürdig geformte Landstück namens Kamtschatka.

Kamtschatka spielte dabei eine so wichtige Rolle, weil es eines der undurchdringlichen Bollwerke der Welt war. Als derjenige Teil der Sowjetunion, der den Vereinigten Staaten am nächsten lag und über den größten eisfreien Hafen der UdSSR verfügte, war es von enormem strategischem Wert und seit Generationen ebenso abgeschottet wie der gesamte Ferne Osten der Sowjetunion. Noch 1983 wurde ein koreanischer Jumbo-Jet über der Insel Sachalin abgeschossen, weil er in diesen sensiblen Teil des sowjetischen Luftraums eingedrungen war. Seit den turbulenten Umwälzungen von 1990 ist die Zukunft Kamtschatkas noch ungewisser. Möglicherweise werden die neuen politischen und ökonomischen Strukturen dazu beitragen, seine Rolle neu zu definieren und die geschlossene Grenze in ein Tor zu unbegrenzten Möglichkeiten zu verwandeln.

1988 lernte ich den russischen Journalisten Wassilij Peskow kennen, der vorhatte, ein Buch über Alaska zu schreiben. Als er mir sagte, daß ihn vor allem das Leben und die Probleme der Ureinwohner Amerikas und der Sowjetunion interessierten, schlug ich ihm einen Besuch der Kamtschatka-Halbinsel vor, obwohl sie verbotene Zone war.

Der Name Kamtschatka war mir in einem Buch aus den 1860er Jahren, „Zeltleben in Sibirien" von George Kennan, wiederbegegnet und hatte mein Interesse von neuem entfacht. Kennan war zwanzig Jahre alt, als er 1864 zusammen mit zwei anderen Angestellten der Western Union Telegraph Company von San Francisco nach Kamtschatka segelte. Drei Jahre verbrachte er mit seinen Gefährten in Sibirien, wo er Arbeitskräfte anwarb, die Route absteckte und Arbeitsvorbereitungen traf. Sein Buch ist einer der großen Reiseberichte des 19. Jahrhunderts. Außerdem las ich damals Georg Wilhelm Stellers „Reise in Kamtschatka und nach America mit dem Commandeur-Capitän Bering", John Ledyards „Journey through Russia and Siberia, 1787–1788", „Die Geschichte Kamtschatkas" von S. P. Krascheninnikow sowie S. P. Suslows „Physical Geography of Asiatic Russia". Diese Werke handeln von einem exotischen Land voller Vulkane, dessen Ureinwohner eine eindrucksvolle Kulturgeschichte haben. Die sowjetische Enzyklopädie geographischer Begriffe beschreibt Kamtschatka als „eine Halbinsel in Nordostasien, deren Ufer vom Pazifik, vom Ochotskischen und vom Beringmeer umspült werden. Kamtschatka erstreckt sich über 1 200 Kilometer und ist bis zu 450 Kilometer breit. Die Gesamtfläche beträgt 370 000 Quadratkilometer. Den

Die Awatscha-Bucht auf Kamtschatka.
Historischer Stich.

mittleren Teil durchziehen zwei Gebirgsketten – die Sredinnyj Chrebet (Zentral-) und die Wostotschnyj Chrebet (Ostkette). Dazwischen liegt das Tiefland von Zentralkamtschatka, durch das der gleichnamige Fluß fließt. Auf Kamtschatka gibt es über 160 Vulkane, von denen etwa 30 noch aktiv sind."

Elf Zeitzonen von Moskau entfernt, ist Kamtschatka einer der entlegensten Außenposten der Gemeinschaft Unabhängiger Staaten (GUS). Zwar war die größte Stadt, Petropawlowsk-Kamtschatskij, zur Zarenzeit ein lebhafter internationaler Hafen, doch dann durfte vierzig Jahre lang kein Ausländer Kamtschatka bereisen, bis Wassilij Peskow 1990 eine Besuchserlaubnis für uns erwirkte. In den sieben Wochen unseres Besuchs sahen wir viel von der abwechslungsreichen Landschaft Kamtschatkas und lernten Fischer, Politiker, Archäologen, Jäger, Rentierhirten, Naturschützer, Künstler, Wissenschaftler und Soldaten kennen, von denen nur wenige schon einmal mit Amerikanern gesprochen hatten. Unser Kommen werteten sie als klares Zeichen für den Aufbruch, in dem sich ihr Land befindet. Die Veränderungen erwarteten sie mit Spannung, doch sie fragten sich auch nervös, wie sich diese auswirken würden. Sie sprachen offen über ihre Ängste und Hoffnungen, über ihr Leben und das System, in dem sie lebten.

Kamtschatka war spät Teil des Russischen Reichs geworden; die Kosaken annektierten es erst 1697. Was die russische Geschichtsschreibung gern als „freie Entfaltung des brüderlichen Geistes unter Großrussen" darstellt, die sich bei ihrem „Streben zur Sonne" von Wissensdurst hätten leiten lassen, war in Wirklichkeit die Geschichte einer blutigen Unterwerfung der einheimischen Kultur, dem Vormarsch der Europäer in Nordamerika nicht unähnlich. Vor ihrer Eroberung gab es auf der Halbinsel etwa zweihundert dauerhafte Siedlungen der Ureinwohner. Der Kosakenführer Atlassow schrieb 1701, daß bis zur Ankunft der Kosaken jedes Kosaken*ostrosek* („kleines Fort") hunderfünfzig bis zweihundert und die Itelmenensiedlungen am Kamtschatka-Fluß je fünfhundert oder mehr Einwohner gehabt hätten. Heute stellen die Ureinwohner – die Itelmenen, Korjaken, Tschuktschen und Ewenken – nur noch zweieinhalb Prozent der Bevölkerung.

Der Naturforscher Georg Wilhelm Steller, der Vitus Bering begleitete, berichtet in seiner „Beschreibung von dem Lande Kamtschatka", daß die Kosaken die Zahl der Ureinwohner nach der Machtübernahme durch die Russen innerhalb von vierzig Jahren auf ein Zwölftel oder gar Fünfzehntel vermindert hätten; ihre Zahl ging von 130000 bis 150000 auf 10000 zurück. Es gab eine Reihe erfolgloser Aufstände gegen die russische Herrschaft. Zu den berühmtesten zählt der von Fjodor Churtschin angeführte von 1731. Sein Scheitern mündete in einen Massenselbstmord von Menschen, die den Tod der Gefangenschaft vorzogen.

Es war die Jagd auf den Zobel, die die Expansion des Russischen Reichs in Richtung Osten vorantrieb. Die Bewohner Kamtschatkas hatten bis zur Ankunft der Russen keinen Wert auf Zobelpelze gelegt. Wenn sie, wie Atlassow es von den Itelmenen überliefert hat, ein paar Zobel fingen, dann „nicht wegen der Felle, die man geringer schätzte als Hundehäute, sondern weil sie das Fleisch aßen". Außerdem verstärkten sie bei der Herstellung von Gefäßen den Ton mit Zobel-

Petropawlowsk-Kamtschatskij.
Historischer Stich.

haar, und aus Zobelknochen fabrizierten sie Nadeln. In Rußland war der Zobel dagegen von alters her ein geschätztes Zahlungsmittel, ob unter den Großfürsten, den Zaren oder den Sowjets. Die Auswirkungen der Jagd auf Zobel sind mit denen der Ausweitung des europäischen Pelzhandels in Kanada zu vergleichen, wo die Biberjagd mit den Siedlern die christliche Mission und Krankheiten brachte. Beide Expansionen hatten verheerende Folgen für Mensch und Tier.

Unter Peter dem Großen (1701–1725) wurde das Handelsmonopol für Zobel eingeführt. Daraus wurde 1922 ein Staatsmonopol, das die Sowjets dann auch auf den Lachs ausdehnten, das andere wichtige Naturprodukt Kamtschatkas. Bis 1896 hatten russische Händler kein kommerzielles Interesse am Lachs, sondern fingen wie die Einheimischen nur so viel Lachs, wie sie als Nahrung für sich und ihre Hunde benötigten. Das änderte sich mit dem Bau der ersten Lachsverarbeitungsfabrik an der Mündung des Kamtschatka-Flusses, wo sich die Lachswanderungen konzentrieren, und von da an bemächtigte man sich dieser Ressource zusehends. Hauptabnehmer für den Räucherfisch waren die Japaner, sie finanzierten den Bau der Fabrik. Während sie scheinbar die Fabrik und diesen Teil des Flusses nur gepachtet hatten, fischten sie in Wirklichkeit den Lachs mit eigenen Booten und eigenen Arbeitern. Bei diesem Arrangement blieb es bis zum Ausbruch des Zweiten Weltkriegs.

Bis 1930 konnte jeder beliebig viele Lachse für den Eigenbedarf fangen. Die Beschränkung für die Einheimischen, die 1960 in einer Fangquote von sechzig Kilogramm pro Kopf und Jahr gipfelte, führte zum Aussterben einheimischer Schlittenhunde, die nicht mehr zu ernähren waren, was wiederum den im Winter vorwiegend mit Hundeschlitten betriebenen Transport schwer beeinträchtigte. Die Hundegespanne machten einen wichtigen Teil des Lebensunterhalts der Ureinwohner aus. Ohne Gespanne sahen sie sich gezwungen, im näheren Umkreis ihrer Siedlungen zu jagen. Heute kehren mit dem wachsenden Interesse an Hundeschlittenrennen langsam die Hundeschlitten nach Kamtschatka zurück.

Der Kamtschatkaforscher Karl von Ditmar beschrieb Mitte des vorigen Jahrhunderts das außergewöhnlich vielfältige Tierleben an und in den Flußmündungen. Selbst in den entlegensten Nebenflüßchen hoch in den Bergen hätten sich in Ufernähe massenhaft Lachse getummelt, und mit den Fischen seien scharenweise Robben gekommen. An den Ufern der Flüsse und Seen hätten sich Bären, Wölfe, Schlittenhunde und Füchse aufgehalten, im Wasser und in der Luft seien Gänse, Enten, Seetaucher und Schwäne in großer Zahl zu sehen gewesen. Im Spätherbst seien dann die Stimmen der Vögel und Säugetiere verstummt. Und wer nicht genügend Vorräte an *jukola* (luftgetrockneter Fisch) angelegt hätte, habe im Winter verhungern müssen, da das Land dann völlig tot daliege.

Lachs und Zobel sind Kamtschatkas Haupteinnahmequellen. In den dreihundert Jahren seit der Eroberung hat sich die Lachsausbeute verfünfzigfacht, sie ist von dreißigtausend auf fast anderthalb Millionen Tonnen im Jahr angestiegen. Moskau kauft Lachs und Zobel, um sie auf dem Weltmarkt weiterzuverkaufen. Auf Moskau ist man hier noch nie gut zu sprechen gewesen, und Kamtschatkas Genossenschaften brennen darauf, direkt auf dem Weltmarkt zu verkaufen, um

Oben
Ureinwohner Kamtschatkas bereiten für den Winter *jukola* (luftgetrockneter Fisch) zu. Historischer Stich.

Unten
Ein typisches Dorf auf Kamtschatka Ende des 18. Jahrhunderts. Historischer Stich.

für ihre Pelze und Fische höhere Profite zu erzielen. Mittlerweile tauchen erneut ausländische Investoren auf der Halbinsel auf; japanische, europäische und amerikanische Firmen bilden Joint-ventures, um nicht nur die Lachserzeugung, sondern auch die Krabbenfischerei, die Holzfällerei und die Jagd zu modernisieren.

Wir landeten am 19. Juli 1990 in Petropawlowsk-Kamtschatskij. Vitus Bering, der sich jahrelang auf Kamtschatka auf seine „Große Nordische Expedition" vorbereitete, gründete die Stadt 1740 und benannte sie nach seinen beiden Postschiffen „St. Peter" und „St. Paul". Eigentlich gibt es zwei Orte dieses Namens auf Kamtschatka, einen zivilen mit 350000 Einwohnern und einen militärischen am Westufer der Awatscha-Bucht mit ebenso vielen Einwohnern, in dem sich der Heimathafen der Pazifik-U-Boot-Flotte und ein wichtiger Marinestützpunkt befinden. Das Militärpersonal ist hier meist für drei Jahre stationiert, bevor es auf weniger entlegene Posten versetzt wird. Zivilpersonen bekamen auf der Halbinsel traditionell höhere Löhne als ihre Genossen in weniger abgelegenen Gebieten der Sowjetunion. In der Regel verlassen sie Kamtschatka, wenn sie genügend Geld gespart haben.

Die Awatscha-Bucht zählt zu den größten und bestgeschützten natürlichen Häfen der Welt, wobei das Wasser durch die generationenlange Verklappung von Treibstoff, Öl und sogar radioaktivem Müll verseucht ist. Das hindert die Bürger von Petropawlowsk jedoch nicht daran, an den Ufern des Awatscha-Flusses zu angeln. Wir sahen Hunderte, die mit selbstgebastelten Netzen oder Angeln fischten. Gibt es wohl sonst noch eine größere Stadt irgendwo auf der Welt, wo die Lachse nur eine halbe Stunde vom Zentrum entfernt laichen?

Petropawlowsk liegt über mehrere Berge und auf die Täler um die Awatscha-Bucht verstreut. Verschlafen und selbstzufrieden sieht es gelassen dem Wandel, den Rußlands Öffnung zum Westen hin bringen wird, entgegen. Nicht immer waren Neuigkeiten aus dem Westen so willkommen. Auf dem Nikolskaja Sopka, einem der Berge, welche die Bucht überragen, steht ein Kriegerdenkmal. Im Krimkrieg (1853–1856) verbündeten sich England und Frankreich mit dem Osmanischen Reich und schickten einen Flottenverband, um Petropawlowsk zu erobern. Das offizielle kaiserliche Manifest mit der Kriegserklärung wurde am 1. Oktober 1854 in der kleinen Kirche der Gouverneursstadt übergeben. Der Abgesandte des Schiffs, der die Nachricht überbrachte, war bestürzt über die Heiterkeit, die er damit in der Gemeinde auslöste – die Nachricht kam ein halbes Jahr zu spät.

Bereits im März desselben Jahres war ein amerikanischer Walfänger mit einem wichtigen Brief an Bord von Honolulu nach Kamtschatka gekommen. In diesem Brief warnte der König der Sandwich-Inseln den Gouverneur von Kamtschatka vor einem möglichen Angriff eines englisch-französischen Flottenverbands. Da Petropawlowsk weitab von Europa lag und seine Bewohner nichts vom Krimkrieg wußten, erschien ein Angriff unwahrscheinlich. Zum Glück traf die kleine Garnison für alle Fälle Verteidigungsvorbereitungen, wenngleich man diese eigentlich für überflüssig hielt.

P. Semenow-Tijnschanskij leitete die Kamtschatka-Expedition von 1908 bis 1910. Sie wurde von der reichen Moskauer Kaufmannsfamilie Rijabuschinskij finanziert und war geologisch ausgerichtet.

Am 18. August lief dann eine englisch-französische Flotte in die Awatscha-Bucht ein. Sie bestand aus fünf Schiffen und einem Dampfer, die sofort das Feuer aus 220 Schiffskanonen eröffneten. Man erwartete die Unterwerfung eines ahnungslosen, überrumpelten Petropawlowsk, doch dessen sechs Küstenartillerie-Einheiten erwiderten das Feuer, wobei auch der Admiral der englischen Schwadron, Sir David Price, ums Leben kam. Die Schlacht dauerte mehrere Tage. Vom 20. bis zum 24. August versuchten die Alliierten zu landen, wurden aber zurückgeschlagen. Der Forscher Karl von Ditmar, einer der Verteidiger von Petropawlowsk, hat überliefert, wie die Kamtschadalen ihre tödlichen Schüsse rationierten: als überaus geschickte Jäger berechneten sie jeden einzelnen Schuß. Sie selbst berichteten später, sie hätten eine Methode ausgeklügelt, mit der sie zwei hintereinander stehende Feinde mit nur einer Kugel durchbohren konnten. Am 27. August war der Angriff beendet. Die unterbesetzten und unzureichend bewaffneten Truppen Kamtschatkas hatten die bestausgerüsteten Truppen besiegt, die Europa ihnen entgegenzustellen hatte.

Fast hundertvierzig Jahre später erkundete ich auf einer Rundreise einen Sommer lang die Naturwunder der Halbinsel. Die atemberaubendsten sind zweifellos die Vulkane. Vom ersten Tag an spürten wir ihre Gegenwart, als wir hoch über Petropawlowsk die drei Gipfel des Korjak, des Awatscha und des Koselskij aufragen sahen. Wie Vadim Gippenreiters eindrucksvolle Aufnahmen zeigen, sind von den hundertsechzig Vulkanen dreißig heute noch aktiv.

Kamtschatkas Ureinwohner glaubten, Vulkane kämen zum Ausbruch, wenn man die Geister stört, die in ihnen leben. Aus dem Grund hielten sie sich lieber von ihnen fern. Heute ziehen die spektakulären Ausbrüche Besucher eher an, als daß sie sie abschrecken. Im Sommer trainiert das Olympia-Ski-Team auf den Schneefeldern der Vulkane, und ständig werden sie von Wanderern aufgesucht. Wir bestiegen den 2738 Meter hohen Awatscha am Tag nach unserer Ankunft. Wir hatten Glück mit dem Wetter; der Himmel war wolkenlos, wir hatten klare Sicht aufs Meer zu unserer Linken, auf den Korjak-Vulkan zu unserer Rechten und auf das Tal unter uns, das in der Purpurhitze eines Julinachmittags flimmerte.

Kamtschatka liegt am pazifischen Vulkanrand und bildet die nördliche Fortsetzung der Vulkankette der Kurilen. Ein zweiter Vulkanbogen zieht sich ostwärts von Kamtschatka durch die Aleuten. Die wunderschönen spitzigen Vulkangipfel finden sich zwischen der Südspitze der Halbinsel und einem Berg namens Sopka Schiwelutsch am 57. Grad nördlicher Breite. Sie machen den Ostteil Kamtschatkas zu einer einzigartigen Landschaft.

Die Ausbrüche einiger Vulkane Kamtschatkas glichen denen des Ätna auf Sizilien, es waren relativ harmlose Lavaergüsse. Daneben gibt es aber auch immer wieder gewaltige Explosionen mit riesigen Mengen von Lockermassen- und Vulkanaschenregen. Der mächtigste Ausbruch ereignete sich 1907, als der Schtjubelja den Grund seines Kraters sprengte und mit solcher Gewalt Vulkanasche ausschleuderte, daß die ganze Halbinsel davon bedeckt war. Es war derart viel Asche in der Luft, daß man in Petropawlowsk-Kamtschatskij erleuchtete Fenster von einer Straßenseite zur anderen nicht erkennen konnte.

Oben
Tschuktschen vor ihrer Behausung, einer typischen Nomadenhütte. Foto von Anfang des 20. Jahrhunderts.

Unten
Eine Korjakenfrau mit Kind vor ihrer Hütte. Im Hintergrund ist ein Gestell zum Trocknen von Fisch und Tierfellen zu erkennen.

Eine Kamtschadalin in traditioneller
Tracht. Aktuelles Foto.

Ein Kamtschadale. Foto von 1895.

Hervorzuheben ist außerdem Kamtschatkas knapp anderthalb Millionen Hektar großer Kronotzkij-Naturschutzpark, dessen Schönheit schon in der Zarenzeit gerühmt wurde. Die Sowjets erklärten ihn zum Nationalpark, der sich von allen anderen auf der Welt in einem unterscheidet: Erschließung jeder Art ist tabu, er wird nur für Forschungszwecke genutzt, wobei inzwischen die Möglichkeit eines begrenzten Tourismus in Erwägung gezogen wird. Wir reisten in einem großen Transporthubschrauber dorthin, in dem für zwei Dutzend Passagiere und viele Zentner Ausrüstung und Güter Platz war. Wir saßen zwischen Kisten mit frischen Eiern, Knoblauch- und Kartoffelsäcken. Offensichtlich war Lebensmittelknappheit, wie sie die größeren russischen Städte plagt, auf Kamtschatka unbekannt.

Der Pilot überflog ein unbewohntes Tal nach dem anderen, manchmal beängstigend tief, so daß wir die Bäume an den Talrändern von der Seite statt von oben sahen. Einmal öffnete der Kopilot die Seitentür, um uns eine bessere Aussicht zu bieten. Die Uson-Caldera breitete sich vor uns aus, ein riesiges Plateau, umringt von zerklüfteten Bergen, die vor Jahrtausenden den Rand eines Vulkans bildeten. (Als Caldera bezeichnet man den Einsturzkrater eines Vulkans.) Bei der Landung stellten wir fest, daß das Ausladen bei laufendem Propeller stattfinden sollte. Unser Führer bedeutete uns, wir sollten uns beim Start der Maschine flach auf unser Gepäck und unsere Eßvorräte werfen. Als das Maschinengedröhn abebbte, fanden wir uns in einem Feld reifer Blaubeeren wieder. Unser Lager bauten wir zwischen Wacholdersträuchern auf, deren dichte Zweige uns Windschutz boten.

Die Vielfalt vulkanischer Phänomene war überwältigend. Die Seen dampften, und große und kleine Lehmlöcher warfen Blasen, brodelten oder gluck,sten. Über sechzig Ansammlungen heißer Quellen, die teilweise noch vulkanisch aktiv sind, gibt es auf Kamtschatka. Daß sie sich in der Nähe aktiver oder kürzlich noch aktiver Vulkane konzentrieren, zeigt, daß sie in Verbindung mit Magmakammern stehen, die dicht unter der Oberfläche der erloschenen Vulkane liegen. Heiße Quellen sind das letzte Anzeichen vulkanischer Aktivität.

Ein Wäldchen aus Birken mit knorrigen, verkrüppelten Stämmen verstärkte den surrealen Charakter der Landschaft. Wir liefen auf nassem Grund und schöpften unser Trinkwasser aus einem der vielen Bäche. In der Nähe der Hütte, an der sich der Pilot bei der Landung orientiert hatte, lag ein großer porzellanfarbener Heißwasserteich. Wir badeten darin und nahmen uns dabei in acht, nicht auf die kochendheißen Wasserstrahlen zu treten, die ihn speisen. Es bereitete ein wohliges Vergnügen, sich die Haut mit dem sandigen Vulkanschlamm sauberzureiben.

Ein weiteres Naturwunder Kamtschatkas ist das sogenannte Tal der Geysire, das einen Tagesmarsch von unserem Lager entfernt lag. Wir folgten dem Fluß, der aus der Caldera kommt, dann einem kleinen Bach, der uns durch wellige Hügellandschaft bis zum höchsten Punkt der Wasserscheide führte, wo ein Steinhaufen lag. Unser Führer erklärte uns, daß jeder Wanderer vor dem Betreten des Tals einen Stein dazulegt, und so taten auch wir diesem Brauch Genüge. Unser Abstieg führte bei immer länger werdenden Schatten durch brusthohes Gras. Hunderte von kleinen Spinnen segelten an langen dünnen Fäden im Wind. Die Luft wurde kühler, der Abstieg steiler. Endlich gelangten wir ins Tal.

Teilnehmer der russischen Kamtschatka-Expedition von 1895.

Das Tal der Geysire wurde 1941 zufällig von der Geologin Tatjana Ustinowa entdeckt. Es liegt südlich des Kronotzkij-Sees, in der Nähe des Uson- und des Kichpinitsch-Berges. Durch das Tal fließt der Gejsernaja, in dem das Wasser der heißen Quellen und Geysire aus Löchern hervorstürzt, die einen Durchmesser von einem Zentimeter bis zu mehr als einem Meter haben können. Jeder Wasserstrahl wird begleitet von Dampf und seltsamen Geräuschen, die sich mit dem steten Tosen des überfließenden Wassers vermengen.

Als ich dort allein wanderte, fühlte ich mich in den nordamerikanischen Yellowstone-Park der 1880er Jahre zurückversetzt, als es in ihm weder Würstchenbuden noch Parkplätze gab. Welikan, Kamtschatkas größter Geysir, ähnelt dem Old Faithful im Yellowstone-Park, er schießt seine Säulen aus siedendem Wasser und Dampf fünfzig Meter hoch in die Luft. Andere Geysire schleudern ihre Heißwasserfontänen stoßweise empor. Ringsum haben sich Schwefelablagerungen in Braun-, Gelb- und Grüntönen gebildet, wie sie nicht oft in der Natur vorkommen. Zu jedem Geysir gehören Geyserite, die sich je nach der chemischen Zusammensetzung des Wassers, den thermophilen Algen und verschiedenen anderen Mikroorganismen, die darin leben, in Form und Farbe unterscheiden. Oberhalb der großen Geysiransammlung, auf den oberen Terrassen des Tals gibt es gurgelnde und leise brodelnde Schlammtöpfe. Die Landschaft treibt es bunt mit ihren vielen Farben, mit ihren Senken und Mulden. Das runzlige, rauchende Meisterwerk der Natur sieht aus wie ein Soufflé, das in sich zusammengefallen ist.

Im Kronotzkij-Park gibt es Öl- und Erdgasvorkommen, doch sie werden nicht ausgebeutet. Nicht einmal Jäger dürfen ihn betreten. Ein Mann erzählte mir, daß seine Hunde einmal einen Bären ins Reservat gejagt und ihn dadurch gezwungen hätten, drei Tage auf sie zu warten, bis sie die Jagd auf den Bären aufgaben und zu ihm zurückkehrten. Unter uns Wanderern war auch ein pensionierter Ölgeologe, der ins Tal der Geysire zurückgekehrt war, weil es ihn nicht losgelassen hatte. Sein Fazit nach einem Leben wissenschaftlicher Arbeit war: „Je mehr ich die Natur erforsche, desto mehr möchte ich dafür tun, um sie zu erhalten."

Dieser Einstellung begegneten wir auf Kamtschatka immer wieder. Nicht nur im Naturschutzpark, sondern überall auf der Halbinsel haben die Menschen ein ausgeprägtes Gespür für die Bewahrung der Natur. Im Gegensatz zu benachbarten Regionen der einstigen Sowjetunion ist Kamtschatka bisher nur schwach industrialisiert, und seine natürliche Schönheit ist weitgehend erhalten. Nun befürchten die Menschen, daß die Öffnung ihres Landes zur freien Marktwirtschaft zu einer Ausbeutung der natürlichen Ressourcen führen wird und daß sich Gebiete wie der Kronotzkij-Park in riesige Touristenzentren oder, schlimmer noch, in eine Spielwiese der Industrie verwandeln werden. Viele Einwohner Kamtschatkas sind fest entschlossen, dies nicht zuzulassen. Vor ein paar Jahren wäre ohne den zähen Widerstand der Ortsansässigen am Schupanowa, einem Fluß in der Nähe des Parks, ein Staudamm errichtet und ein Wasserkraftwerk gebaut worden. Das für Kamtschatka zuständige Wasseramt sitzt in St. Petersburg – elf Zeitzonen entfernt. Damals trafen am Schupanowa Ingenieure und Maschinen ein, ohne daß die Einheimischen konsultiert und informiert worden waren. Als sie merkten, was

Ein Mann vom kamtschadalischen
Stamm der Golden.

da vorging, schritten sie zur Tat. Einer von ihnen war der Leiter der Fischerei- und Jagdgenossenschaft, bei der wir wohnten. Der Schupanowa fiel zufällig in sein Ressort. Er wußte, daß die Lachswanderung durch den Bau eines Staudamms verhindert würde und daß infolgedessen auch die Tiere betroffen wären, die sich von Lachs ernähren. Das hätte natürlich eine Geschäftseinbuße für ihn bedeutet, doch es ging ihm auch um den ökologischen Folgeschaden. Jedenfalls flog er mit mehreren Begleitern zu einem Treffen mit dem kleinen Konvoi, und während er sich mit den Ingenieuren unterhielt, demontierten seine Leute die Anlasser von den Lastwagen und luden sie in den Hubschrauber, der sogleich mit ihnen verschwand. So gewannen der Direktor und andere betroffene Bürger Zeit, mit den Planern in St. Petersburg darüber zu diskutieren, ob sie den Fluß tatsächlich zerstören wollten. Zum Glück ließen sich die Planer umstimmen, und die Genossenschaft trug den Sieg davon.

Nördlich von Telitschinki leben Kamtschatkas Rentierhirten. Von April oder Mai bis zum ersten Schnee ziehen sie mit ihren Herden durch die Tundra. Bis auf ein paar Hirten, die bei den Tieren bleiben, kehren die meisten in den Wintermonaten in ihr Dorf zurück. Jede Familie besitzt nur so viele Rentiere, wie sie für ihren Unterhalt benötigt; der überwiegende Teil der Herde gehört der Regierung. Neben Zobelpelzen und Lachs sind Rentiergeweihe eine lukrative Einnahmequelle für Kamtschatka. Die Geweihe finden in asiatischen Ländern Absatz, da man ihnen dort Heilkräfte für zahlreiche Beschwerden zuschreibt. Bei den Ewenken, Korjaken und Tschuktschen ist die Hirtentradition ungebrochen, auch wenn sich die Herden verkleinert haben.

Unsere Reise fiel in eine Zeit, in der sich Kamtschatka und Rußland von Tag zu Tag dramatisch veränderten. Am Morgen unserer Abreise kamen Wassilij Peskow und ich auf die beunruhigende Frage nach der Zukunft der Halbinsel zu sprechen. Neben meiner Begeisterung über meinen Eindrücke gab ich auch meiner Sorge Ausdruck. Wassilij erwiderte: „Niemand weiß, was die Zukunft bringen wird, aber es ist wie in der Fabel von den zwei Fröschen, die in eine Schüssel mit saurer Sahne fallen. Der erste sagt: ‚Es ist furchtbar', strampelt nur kurz und ertrinkt. Der andere aber denkt nach und strampelt wie wild, sogar mit den Vorderschenkeln, bis er die Sahne in einen Butterberg verwandelt hat und freikommt." Wassilij sah mich durchdringend an und schloß: „Das russische Volk hat Ähnlichkeit mit dem zweiten Frosch."

Robert Perkins
1991

Karte von der Halbinsel Kamtschatka
mit den wichtigsten Vulkanen.

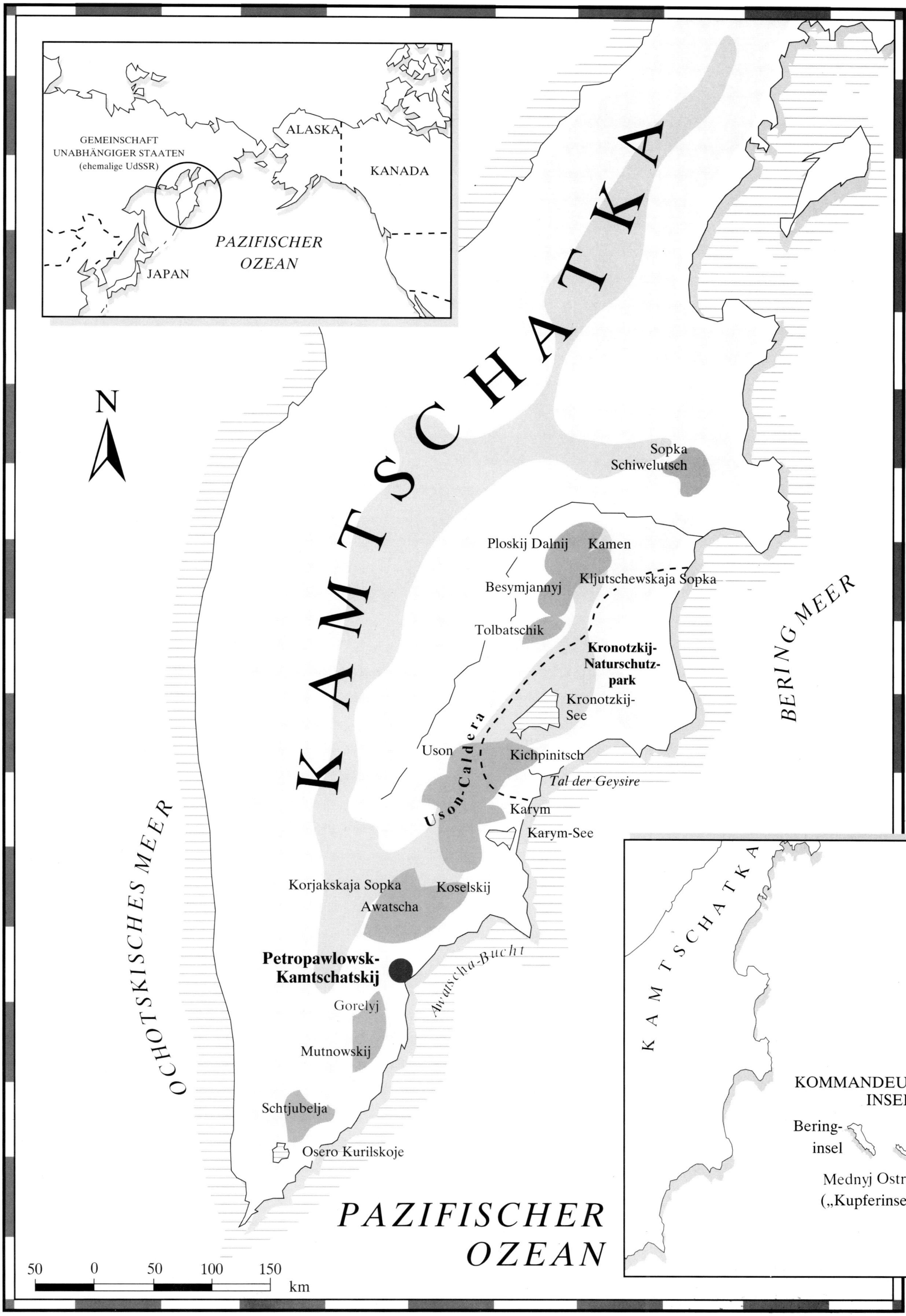

GEMEINSCHAFT
UNABHÄNGIGER STAATEN
(ehemalige UdSSR)
ALASKA
KANADA
PAZIFISCHER
OZEAN
JAPAN
N
KAMTSCHATKA
Sopka
Schiwelutsch
Ploskij Dalnij
Kamen
Kljutschewskaja Sopka
Besymjannyj
Tolbatschik
Kronotzkij-
Naturschutz-
park
Kronotzkij-
See
BERING MEER
Uson
Uson-Caldera
Kichpinitsch
Tal der Geysire
Karym
Karym-See
OCHOTSKISCHES MEER
Korjakskaja Sopka
Koselskij
Awatscha
Petropawlowsk-
Kamtschatskij
Awatscha-Bucht
Gorelyj
Mutnowskij
Schtjubelja
Osero Kurilskoje
PAZIFISCHER
OZEAN
50
0
50
100
150
km
KAMTSCHATKA
KOMMANDEUR-
INSELN
Bering-
insel
Mednyj Ostrow
(„Kupferinsel")

Die geologische Geschichte Kamtschatkas

Aus geologischer Sicht ist Kamtschatka jung. Sein Relief bildete sich vor weniger als einer Million Jahre, im Quartär, der jüngsten Periode der Erdgeschichte, heraus. Der Meeresboden hob sich und brach auf, und ausbrechende Basaltlava schuf ein riesiges Plateau. Aufgrund der stetigen Bewegung der flüssigen unterirdischen Masse barst dann dieses Plateau, und aus den Spalten strömte glutrotes Magma. Der Magmaerguß führte dazu, daß sich einzelne Blöcke hoben und senkten und weitere Risse entstanden, die das Relief der Halbinsel und die Grundzüge ihrer morphologischen Gestalt formten. Weitere Eruptionen führten zur Herausbildung des heutigen Kamtschatka. Neben tiefen Spalten erhoben sich ganze Ketten von Vulkanen, darunter die außergewöhnlichen Gipfel des Kljutschewskij, Schiwelutsch, Tolbatschik, Korjak und Awatscha. Mehr als die Hälfte der Fläche Kamtschatkas ist mit den Folgeerscheinungen von Vulkanausbrüchen bedeckt.

Die Vulkankette auf Kamtschatka folgt derselben Verwerfung wie die der Kurilen und Aleuten, zweier benachbarter Inselgruppen. Die beiden Vulkanketten sind durch ein tiefes Rift verbunden, in dem die Kontinentalschelfe sich auf dem Meeresboden aufeinanderzubewegen. An der Nahtstelle, die dieses Rift bildet, verläuft ein etwa 12000 Meter tiefer Graben (der Ozean ist durchschnittlich 5000 Meter tief). Diese Senke, tief unter Wasser an der Basis der Inselbögen der Kurilen und Aleuten und am Ostufer des schmalen Streifens gelegen, den Kamtschatka bildet, grenzt an die Vulkankette an.

Die Oberflächenhülle unseres Planeten – die Erdkruste – besteht aus einer harten Gesteinsschicht, die sechzig bis siebzig Kilometer dick ist und durch Brüche in mehrere Platten geteilt wurde. Infolge intensiver Hitze und Verschiebungen im Erdinneren treiben die Platten aufeinander zu. Das wird an den Stellen augenfällig, wo sie zusammentreffen. An diesen Stellen gibt es keine Lücken zwischen ihnen, und wenn sie wieder auseinandertreiben, drängt flüssiges Gestein von unter her in den Zwischenraum. Bewegen sich Platten auf dem Meeresboden, wird eine unter die andere gedrückt, und zwar so, daß sich ein tiefer Trog oder Graben bildet. Solche Plattenverschiebungen verursachen starke lokale Erschütterungen, und der Druck und die Reibung an der Unterseite des Grabens führen zur Bildung von Vulkanen.

Links
Der Awatscha, ein 2738 Meter hoher aktiver Vulkan, liegt dreißig Kilometer von der Stadt Petropawlowsk-Kamtschatskij entfernt. Über dem Halbkreis einer alten Caldera erhebt sich ein junger Kegel. Im Vordergrund sind Lavaströme von Eruptionen aus jüngster Zeit zu erkennen. Touristengruppen wagen sich oft bis zum Krater hinauf, und Vulkanologen führen dort Untersuchungen durch.

Folgende Doppelseite
Der Ausbruch des Kljutschewskij. Obwohl es hellichter Tag ist, ist die Luft von Staub und Asche verdunkelt.

Auf Kamtschatka und den Kurilen gibt es insgesamt 68 „junge" Vulkane, das sind zehn Prozent aller aktiven Vulkane auf der Welt. Kamtschatkas Vulkane gliedern sich in vier Ketten, von denen die westlichste die älteste ist. Sie besteht aus erloschenen Vulkanen unterschiedlichen Alters, deren bemerkenswerteste der Changar und der Itschinskij sind, weil bei ihnen die Stadien einstiger vulkanischer Aktivität in Form von Lavaströmen, Kratern, Aschenkegeln und Extrusionen deutlich sichtbar sind. Zwischen dem sich anschließenden mittleren und dem östlichen Gebirgszug (zu letzterem gehören die Vulkane der Kljutschewskij-Gruppe und der Schiwelutsch) bildet das Tiefland Zentralkamtschatkas eine große Senke. Sie wird vom Kamtschatka, dem größten Fluß der Halbinsel, und seinen Seitenarmen durchflossen. Die östliche Vulkankette zieht sich an der Pazifikküste entlang. Sie besteht aus den jüngsten Vulkanen der Halbinsel und umfaßt die Vulkane von der Gamtschensk-Gruppe bis zum Korjak und Awatscha im Süden. Die südliche Vulkankette schließlich ist durch die breite Awatscha-Bucht von der östlichen getrennt. Sie erstreckt sich von Westen nach Osten und teilt so das untere Kamtschatka vom Rest ab. Diese Kette setzt sich nach Süden über die Kurilen fort.

Wenn es um die Naturkatastrophen geht, die den pazifischen Rand heimsuchen, wird vulkanische Aktivität häufig mit Erdbeben in Verbindung gebracht. Für Kamtschatka und die Kurilen trifft dies tatsächlich zu, doch beides ist nicht automatisch miteinander gekoppelt. So finden auch in vulkanlosen Gegenden der Erde Eruptionen statt, und ein Vulkan muß nicht unbedingt ein Erdbeben verursachen. Die Erdbeben an der Ostküste Kamtschatkas, die in dem erwähnten untermeerischen Graben stattfinden, spielen sich in relativ geringer Tiefe ab. Die aktivste Erdbebenzone liegt zwischen der östlichen Vulkankette und dem Graben. Die Erdbeben an der Ostküste der Halbinsel und auf den Kurilen ereignen sich in einem etwa hundertfünfzig Kilometer großen Gebiet und zählen zu den stärksten auf unserem Planeten.

Links
Weil der Krater des Awatscha besonders vielfältige postvulkanische Aktivität aufweist, war er viele Jahre lang ein „Heimlabor" für Vulkanologen. Zuletzt brach er im Frühjahr 1991 aus. Er ist bis zum Rand mit Lava gefüllt, und kleine Lavabäche rieseln die äußeren Hänge des Kegels hinab.

Folgende Doppelseite
Der Kamen (links) und der Kljutschewskij (rechts). Die Vulkane der Kljutschewskij-Gruppe erheben sich über einem alten Schildplateau von neunzig Kilometern Durchmesser. Der Kamen ist erloschen, der Kljutschewskij dagegen ist noch sehr aktiv. Er hat sowohl Gipfel- als auch, in verschiedenen Höhenlagen an den Hängen, Spalteneruptionen. Bei den Ausbrüchen von 1990 und 1991 füllte sich der Krater mit Lava, und oben bildete sich ein Aschenkegel. Magma fand sich in vierzig Kilometern Tiefe, wo es einen unterirdischen Wasserlauf füllte; der Hauptkern des Magmas lag etwa 170 Kilometer tief.

Vulkanausbrüche und ihre Begleiterscheinungen konzentrieren sich um den sogenannten „Feuerring", den zirkumpazifischen Vulkangürtel. Bei einem Ausbruch werden riesige Mengen glühendheißer Materie in weitem Umkreis verstreut, wobei Fontänen aus Dampf, Gasen und hoch wasserlöslichen Salzen aufschießen. Die während der Eruption ausgespienen Aschen und Gesteine werden in Bächen und Flüssen hinuntergeschwemmt und lagern sich auf den Meeresböden ab. Große Ausbrüche gehen mit vulkanischer Aktivität einher, die bei extrem hohen Temperaturen Schwefel-, Salz- und andere Säuren hervorbringt. Dabei entstehen auch wertvolle Minerale wie etwa Erze. Andere werden in den Ozean geschwemmt und bilden Sedimentgesteine, Lehm, lösliche Silikate und Kalziumverbindungen.

Vulkane bestimmen das Erscheinungsbild Kamtschatkas. Aus Asche- und Schlackenschichten haben sich Täler gebildet, die von einem Netz ausgetrockneter Flüsse durchzogen sind, die nur zur Zeit der Frühjahrsschmelze oder nach schweren Regenfällen Wasser führen. Die Vulkanhänge sind von Barrancos zerfurcht, d.h. von durch Wasser- und Winderosion sowie Temperaturstürze verursachten, strahlenförmig verlaufenden Rissen.

Rechts
Der Korjak.

Folgende Doppelseite
Der Kambalnij (2 160 Meter, links) und der Koscheljewa (1 863 Meter). Kamtschatkas aktive Vulkane liegen im Süden. Heute zeigen mächtige Fumarolen und sehr heiße Quellen, daß sie nach wie vor aktiv sind.

Im Laufe der Zeit füllen sich viele Kessel und Krater mit Wasser. So entstanden der Kurilen- und der Karym-See, der heiße See des Malyj-Semljatschik-Vulkans und der See im Krater des Changar. Der Kronotzkij-See, Kamtschatkas größter See, war ursprünglich ein von Lavaströmen gesäumtes Flüßchen.

Das Klima in der Küstenregion ist feucht, häufig gibt es heftige Schneefälle, dichten Nebel, Regen und starken Wind. Im Binnenland ist es trockener, hier herrscht eher kontinentales Klima. Die enorme Höhe der Gebirgsmassive und Vulkane hat in Verbindung mit dem feuchten Klima zu Gletscherbildung geführt. Die Gletscher und Schneefelder speisen Kamtschatkas Flüsse, in deren sauberem, schnellfließendem Wasser in rauhen Mengen Lachse laichen. Heiße Lockermassen lassen Geysire, heiße Seen und warme Flüsse entstehen.

Vom weiten Tiefland Westkamtschatkas bis zu den Gipfeln der Vulkane und Gebirgszüge erstreckt sich grüne Landschaft. Vulkanasche ist außerordentlich fruchtbar. Das Sumpfland und die Tundra der Küstenterrassen gehen in Tannen- und Fichtenwälder über, die wiederum von Laubwäldern abgelöst werden, während die steinigen Hänge mit Birken, Unterholz und hohem Gras bewachsen sind. Erlen, die sich an die Gipfel klammern, weichen flechtenbewachsener Tundra mit vereinzelten kleinen, windschiefen Wacholdersträuchern, kriechenden Bodendekkern und ein paar alpinen Matten. Auf den Gipfeln, wo die Erdkrume dünn ist und es keinen Schutz gegen die Unbill des Wetters gibt, können nur die allerzähesten Pflanzen Wurzeln schlagen.

Mit einer Fläche von fast anderthalb Millionen Hektar gehört der Kronotzkij-Park auf Kamtschatka zu den größten Naturschutzgebieten der Welt. Da er weitab von menschlichen Siedlungen liegt, ist er schwer zugänglich und fast unberührt. Dieser Park, auf dessen Gebiet alle Naturerscheinungen der Region vorkommen, repräsentiert die Einzigartigkeit der Halbinsel vielleicht besser als jeder andere Teil Kamtschatkas.

Vorhergehende Doppelseite
Der Bolschaja Udina, ein erloschener Vulkan.

Links
Die Caldera des Ksudatsch. Auf dem Gipfel dieses riesigen Schildvulkans gibt es mehrere Seen, die durch Explosionen entstandene Krater füllen. In der Bildmitte liegt der junge Krater Schtjubelja.

Folgende Doppelseite
Der im Zentrum von Kamtschatkas östlicher Vulkankette gelegene Karym ist 1 486 Meter hoch und einer der aktivsten Vulkane der Halbinsel. Periodisch treten Eruptionen mit Lavaergüssen aus dem Zentralkrater auf. Die Höhe des Kegels beträgt, vom Boden der Caldera aus gemessen, fünfhundert Meter. Der Kegel ist für Besucher leicht zugänglich.

Der Changar am südlichen Ende von Kamtschatkas mittlerer Vulkankette. Auf dem eingestürzten Gipfel hat sich ein See gebildet, der in der Mitte hunderfünfzig Meter tief ist.

Oben
Der in der Mitte der östlichen Vulkankette liegende Karym ist einer der aktivsten Vulkane Kamtschatkas. Die Caldera (Vordergrund) hat einen Durchmesser von dreieinhalb Kilometern.

Folgende Doppelseite
Blick aufs Beringmeer.

Die Riesen von Kamtschatka

Nur aus der Luft kann man die gewaltige Größe von Kamtschatkas Vulkanen richtig erfassen. Besonders auffällig ist die Kljutschewskij-Gruppe, der aktivste Abschnitt des Kurilen-Kamtschatka-Bogens. Sie besteht aus zwölf Vulkanen, die sich auf eine Vulkanzone von 8500 Quadratmetern verteilen. Die Geschichte vulkanischer Tätigkeit auf der Halbinsel läßt sich an den dicken Schichten des Vulkangesteins ablesen.

Die ältesten Vulkane der Kljutschewskij-Gruppe sind der Ploskij Dalnij, der Kamen, der Udina, der Simina und der Tolbatschik. Der Kljutschewskij, der Besymjannyj, der Schiwelutsch und der Tolbatschik sind noch aktiv; alle anderen sind erloschen. In diesem Gebiet gab es jahrtausendelang immer wieder Vulkanausbrüche, wobei die schrofferen vulkanischen Gebilde nach und nach unter Lavaschichten begraben wurden. Der riesige Krater auf dem Gipfel des Ploskij Dalnij ist heute durch einen Gletscher ausgefüllt, und nur ein paar harmlose Fumarolen (Schlote, durch die heiße Gase entweichen) liefern den Beweis für sein einstiges Ungestüm. Die Entstehung des Kamen läßt sich ebenfalls leicht ablesen: seit einer gewaltigen Eruption, die den halben Kegel zerstörte, ist seine Südwand fast völlig senkrecht und zeigt Grate und Schichten uralter Lava.

Die größten Gletscher auf Kamtschatka entstanden während der Eiszeit, die mit erheblich verstärkter Vulkantätigkeit einherging, auf den Gipfeln und an den Hängen der Vulkane. Der Besymjannyj wuchs an den Hängen des Kamen empor, gleichzeitig begann ein basaltischer Schichtvulkan zu wachsen, aus dem sich später der Kljutschewskij bildete, und der Sopka Schiwelutsch erhob sich am linken Ufer des Kamtschatka-Flusses, wo zwei Platten, nämlich der Kurilen-Kamtschatka- und der Aleuten-Bogen, zusammentreffen.

Links
Der erloschene, zerstörte Kamen (rechts) und der Kljutschewskij (links).

Folgende Doppelseite
Vulkane der Kljutschewskij-Gruppe (von links nach rechts): der Ploskij Dalnij, der Besymjannyj, der Kamen und der Kljutschewskij. An den Hängen am Fuß der Berge sind Lavaströme und Aschenkegel von Sekundäreruptionen sichtbar.

Der Besymjannyj vor den massigen Vulkanen des Ostryj und des Ploskij Tolbatschik. – Der Besymjannyj („der Namenlose") ist ein unscheinbarer Berg von 3000 Metern Höhe, dem man seine Geschichte nicht ansieht. Nach jahrhundertelanger Untätigkeit hat er sein vulkanisches Aussehen verloren. Daher rührt sein wenig schmeichelhafter Name. Er liegt am Fuß des erloschenen Kamen und neben dem Riesen Kljutschewskij. Der Besymjannyj hatte nie Aufmerksamkeit erregt, bis sich sein Äußeres 1955/56 dramatisch veränderte: Eine Serie von Erdbeben sorgte dafür, daß er auf einer Seite regelrecht anschwoll. Den Erschütterungen folgten schwere Asche- und Gasregenfälle. Der Hauptausbruch war am 30. März 1956 um 17.11 Uhr. Ein Augenzeuge aus der nahegelegenen Siedlung Kljutschi berichtete, daß die Aschenwolke etwa 38 Kilometer hoch stieg: „An welcher Stelle des Vulkans der Ausbruch stattfand, war nicht zu erkennen. Jedenfalls trieb die Aschenwolke auf die Siedlung zu, unablässig begleitet von Blitzen und Donnerschlägen. Dann setzte der Ascheregen ein. Die Finsternis war so undurchdringlich, daß man nicht die Hand vor Augen sah. Leute, die gerade von der Arbeit kamen, irrten auf der Suche nach der eigenen Wohnung durch die Siedlung. Die Luft war stark elektrisch geladen, Telefone klingelten von allein, Radios hatten einen Kurzschluß. Es roch stark nach Schwefel ... Eine riesige Menge Asche wurde in die Atmosphäre geschleudert und von Luftströmungen weggetragen; am 1. April wurde sie in Alaska gesichtet, am 3. April in fünfzehn Kilometern Höhe über den Britischen Inseln. Die sichtbaren Folgen dieser überaus heftigen Eruption waren enorm, sie überstiegen bei weitem alles, was die Kamtschadalen in den vergangenen Jahrzehnten erlebt hatten."

In 25 Kilometern Entfernung wurden Bäume durch die Gewalt der Explosion entwurzelt. Sengendheiße Lockermassen, die rasend schnell zu schmelzen begannen, bedeckten ein Gebiet von fünfhundert Quadratkilometern. Schlammige Bäche traten über die Ufer, wälzten dabei große Steine vor sich her und zermalmten alles, was ihnen im Weg war. Der kleine Chapitza-Fluß schwemmte Gesteinsmassen fort, die durch die Explosionen herausgeschleudert worden waren; noch jetzt sind seine Ufer auf einer Länge von fünfzehn Kilometern zwanzig Meter hoch. In den unteren Flußregionen fanden sich Eisblöcke von mehreren hundert Tonnen Gewicht, die durch die Wasserkraft hinuntergespült wurden.

Die Explosion zerstörte die ganze östliche Hälfte des Vulkans. Anstelle des Kegels klaffte ein riesiger, nach Süden hin offener Krater, in dessen Zentrum sich aus großer Tiefe eine tausend Grad Celsius heiße Magmaquellkuppe erhob. In dieser Kuppe hatte sich eine gewaltige Hitze aufgestaut. Ihr allmähliches Wachsen löste neue Explosionen aus, in deren Zuge sengende Lawinen die Hänge hinabjagten. Nachts glühte feurige Lava in den klaffenden Spalten. Unablässig hagelte es Steine von der Kuppe und den umgebenden Wänden.

Der Besymjannyj liegt inmitten unbewohnter Wildnis. Die Siedlung Kljutschi wird durch den Kamen und den Kljutschewskij von ihr abgeschirmt, daher kam bei dem Ausbruch niemand zu Schaden. Die Wüste, die die Eruption hinterlassen hat, erwacht jetzt zu neuem Leben. Erlen- und Weißbirkenschößlinge sprießen aus den Aschenschichten, und Wald-Weidenröschen blühen. Rebhühner und Hasen sind wieder da. Die größer werdende Kuppe füllt allmählich den Trichter aus, den die Eruption hinterlassen hat. Ihre Spitze ist jetzt fast auf gleicher Höhe mit den umgebenden Wänden. Aufgrund periodischer Explosionen, die zwar weniger stark sind, aber doch die Bildung eines festen Kraterbodens verhindern, fließt weiterhin flüssige Lava aus.

Der Kljutschewskij ist ein Meisterwerk der Natur, er verbindet zwei Vulkanketten, die in einer weitläufigen Lavazone liegen. Bei ihm gibt es nicht nur Vulkanausbrüche auf dem Gipfel, sondern auch Spalteneruptionen an den Hängen. Lavabrüche entstanden in verschiedenen Höhenlagen bis zum Fuß des Vulkans in strahlenförmig verlaufenden Spalten. Gewaltige sekundäre Ausbrüche treten periodisch auf, sie bilden Lavaströme und Aschenkegel. Letztere sieht man zu Hunderten rund um den Vulkan. Der Kljutschewskij steht seit langem im Mittelpunkt des Interesses für jeden Reisenden und Naturforscher, der Kamtschatka besucht. Daniil Gauss, ein Teilnehmer der Billings-Expedition, bestieg 1788 als erster den Gipfel. Für die Zeit bis 1931 sind keine weiteren Besteigungen belegt; zwischen 1931 und 1958 gab es dann fünfzehn erfolgreiche Expeditionen zum Gipfel, von denen zwei mit dem tragischen Tod zweier Männer endeten. Im folgenden Kapitel berichte ich von meinem eigenen Besuch zur Zeit der Eruption von 1966.

Rechts
Große und kleinere Steinbrocken, die bei einer der vielen Explosionen aus der Quellkuppe des Besymjannyj geschleudert worden sind.

Folgende Doppelseite
Blick auf die Westwand des Schiwelutsch, des größten Vulkans in Nordkamtschatka. Die vulkanische Aktivität des Schiwelutsch war ebenso kurz wie heftig; ihren Höhepunkt hatte sie 1964 mit einem der größten Ausbrüche des 20. Jahrhunderts. Damals wurden zwei Quadratkilometer festes Gestein in die Luft geschleudert und landeten als Trümmer an der Westwand des Vulkans. Der Lavastrom veränderte die Oberflächengestalt eines großen Gebiets, brachte das dortige Pflanzenleben zum Erliegen und lenkte die Wasserläufe um. Aus der bei der Explosion entstandenen Mulde wuchs langsam eine Magmaquellkuppe heraus.

Der Ausbruch des Kljutschewskij

Als höchste Erhebung Kamtschatkas, die von jedem Punkt der Halbinsel zu sehen ist, hat der Kljutschewskaja Sopka immer Aufsehen erregt. Als er dann im Herbst 1966 nach einer Ruhepause zu neuem Leben erwachte, stand er natürlich erst recht im Mittelpunkt des Interesses. Eine Aschenwolke war ständig sichtbar. In einer sternklaren Nacht erleuchtete der Lavaregen, der fünf Kilometer hoch in den Krater sprühte, den Gipfel wie eine Fackel. Am Fuß des Vulkans maßen Seismographen die Intensität der Aktivität. Im Oktober 1966 hatten sie eine Serie von Erdbeben registriert, die aus Richtung des Kljutschewskij kamen. Ihre Stärke zeigte an, daß eine gewaltige Eruption bevorstand. Aufgrund der Daten konnten die Wissenschaftler voraussagen, wo das Epizentrum liegen und wann sich der Ausbruch in etwa ereignen würde. In der Nacht zum 6. November öffnete sich an der Nordwand in zweitausend Metern Höhe ein achthundert Meter langer radialer Spalt. Der Ausbruch hatte begonnen – es handelte sich um eine seitliche Lavaeruption. Das ununterbrochene Krachen hörte man noch in der dreißig Kilometer entfernt gelegenen Siedlung Kljutschi. Eine schwarze Wolke aus Asche, Steinen und Gasen bildete sich über der Fontäne aus flüssiger Lava. Es war ein phantastisches Schauspiel. Mehrere Seitenkrater bildeten sich entlang des Spalts. Bald konzentrierte sich die Eruption im Zentrum des Spalts, ein Schlackenkegel begann sich zu bilden, und Lava sickerte aus seinem Fuß und füllte das Flußbett, das ins Tal führte.

Im Oktober herrscht in zweitausend Metern Höhe tiefer Winter. Wir schlugen sieben Kilometer von der Eruption entfernt ein Lager auf, zu dem wir mit Pferden und Hunden Zelte, Brennholz, Proviant und wissenschaftliches Gerät transportierten. Unterdessen kam die Lava um neun Kilometer voran. Für die Vulkanologen unter uns war dies die erste richtige Eruption, die sie miterlebten. Nicht einmal ein heulender Blizzard konnte uns davon abhalten, das Treiben genau zu verfolgen. An jenem Abend kämpften wir uns durch Schneewehen und Dickicht bis an den Rand einer Wasserrinne vor. Tief unter uns lag das Trockenbett eines Flusses. Eine schwarze Masse aus Steinen schob sich langsam vorwärts und füllte die Rinne. Davor schlängelte sich ein roter Lavagürtel entlang, begleitet vom Knistern kühlender Lockermassen. Als ein großer Klumpen Lava abbrach, schlugen Flammen aus der goldenen Flüssigkeit, die dann langsam verglühte und dabei erst orange und zuletzt weinrot wurde. Wir rutschten die Klippe hinunter, bis wir fast auf dem Schauplatz dieses erstaunlichen Geschehens angelangt waren. Die Lava bewegte sich unaufhaltsam vorwärts und füllte dabei die Wasserrinne mit abkühlenden Steinen. Die Wärmeleitung war so niedrig, daß der Schnee an den Rändern nicht schmolz; nach einem Ausbruch speichert das Innere jedes Steins die Wärme jahrelang.

Am nächsten Tag kletterten wir zum Zentrum des Ausbruchs. Es war ein langer, schwieriger Marsch, denn wir mußten unsere Schlafsäcke und Zelte, den Proviant, die Kameras und anderes Gerät den Berg hinaufschleppen. Es war zwecklos, auf den Hubschrauber zu warten, das Wetter war zu schlecht zum Fliegen. Wie Ameisen krabbelten wir über das abkühlende Gestein. Über uns schien es ruhiger als erwartet. Es war wie auf einem Eisbrecher, wenn das Packeis sich

Dieses Foto entstand 1966/67 bei der Sekundäreruption des Kljutschewskij. Flüssige Lava spritzt aus dem Krater des Aschenkegels und ergießt sich auf die Hänge des Vulkans.

bewegt: die Landschaft zu beiden Seiten gleitet vorüber, und das Schiff scheint stillzustehen. Wir befanden uns in einer bleifarbenen Landschaft, wo trotz des Winters nichts weiß blieb. Hitze und Kälte existierten nebeneinander. Der Himmel war grau – staub- und gasgeschwängert. Die ascheerfüllte Finsternis fraß sich in die Schatten und nahm uns jeden Sinn für Höhe und Tiefe. Es roch stark verbrannt. Wir kamen von steinigem Grund auf schwärzlichen Schnee und ließen weiße Spuren zurück. In dem schwachen grauen Licht begann schwerer, schmutziger Schnee zu fallen.

Der Lavastrom hatte sich seinen Weg durch Seitenrinnen gebahnt und ein weites Tal gefüllt. Bei dem wirbelnden Blizzard kam die rote Glut langsam zum Erlöschen. Eine schwarze Sturmwolke hing schwer über dem Gipfel des Vulkans und verhüllte seine Silhouette. Blitze zuckten, der Donner vermischte sich mit dem Krachen der Explosionen. Wir steuerten direkt auf den Bruch zu. Das schwache Surren eines Hubschraubers begleitete das Getöse der Eruption. Der Hubschrauber zog ein paar Runden, wagte aber nicht zu landen. Nachdem wir einen Tag lang in dieser bleifarbenen Welt umhergetappt waren, wo graue Aschenwolken den Gipfel verhängten und obeliskförmige Steine verhüllten, waren wir selbst grau geworden.

Endlich erreichten wir unser Ziel. Unter einem rauchigen Himmelszelt herrschte Zwielicht. Beim Austritt aus dem Tal strahlte der Lavastrom wie eine hellerleuchtete Großstadt bei Nacht. Krachend ergoß er sich vom Fuß des Schlackenkegels in einen steilwandigen Cañon. Oben an der Quelle war er hell und floß leicht und schnell, um weiter unten breiter und dunkler zu werden, sich nach den Seiten auszubreiten und diese zu überfluten. Hier bewegte er sich nur noch kaum merklich. Ein bläulicher Gasdunst waberte über der Lava. Wir hatten den Eindruck, der Entstehung der Welt vor Jahrmillionen beizuwohnen.

Irgendwo jenseits dieser Welt stand die Sonne hoch am Himmel, doch hier verdichtete sich der graue Nebel zusehends. Um uns herum zuckten Blitze, hallte es wider von Seufzern und Donnerschlägen, so daß wir die Welt der Menschen völlig vergaßen. Aus dem Schwefel schlugen blaue Stichflammen, weiter oben brachte der Strom den Feuerschlund des Schlackenkegels zum Erglühen. Die wirbelnden Gase schienen die Lava zu verschlingen, und feurige Fontänen schossen immer höher in die Luft und regneten auf die schwarzen Hänge des Kegels herab. Irgendwie mußten wir in dieser unmenschlichen Umgebung Wasser auftreiben und unser Lager aufschlagen. Natürlich gab es hier kein Wasser; der geschmolzene Schnee war mit chemischen Substanzen vergiftet. Nach langer Suche fanden wir in einer hohen Wehe sauberen Schnee. Mit Geologenhämmern räumten wir die oberen Gesteinsschichten ab und bauten „Dauerbrenner" in einer Mulde, in der der Lavastrom stagnierte. Obwohl das Gestein nicht mehr glühendheiß war, schmolz der Schnee weiterhin. In einem Kochtopf erhitzten wir Buchweizen, in einem zweiten Kaffee. Der Buchweizen schmeckte vorzüglich, doch der Kaffee war stahlgrau und roch wie die Abgase einer Chemiefabrik. Nach dem Abendbrot kehrten wir zum Lavastrom zurück. Je näher wir dem Schlackenkegel kamen, desto größer wurde die Wahrscheinlichkeit, von einem Stein am Kopf

Der Kljutschewskij.

getroffen zu werden. Erschwerend kam die Dunkelheit hinzu. Doch diese Sorgen verblaßten bei der Aussicht, das Geschehen hautnah mitzuerleben.

Dann wurde es Zeit, sich auszuruhen. Wir ebneten den Boden, breiteten unsere Jacken und nassen Sachen auf den heißen Steinen aus, legten unsere Luftmatratzen darauf und krochen in die Schlafsäcke. Wir bemühten uns sehr, trotz der Hitze von unten und der Kälte von oben einzuschlafen, doch gegen zwei Uhr morgens platzten unsere überhitzten Matratzen. So waren wir bereits um drei Uhr wieder auf den Beinen, um unsere qualmenden Schlafsäcke und Jacken zu retten. Der Brandgeruch von der Eruption vermischte sich mit dem Gestank von brennendem Gummi und Stoff. Das Leben neben dem Lavastrom war schwierig. Steinsplitter gerieten in die Kameras und knirschten in den Fassungen der Linsen. Legte man ein Stück Stoff von beliebiger Qualität auf einen auch nur lauwarmen Stein, versengte die Hitze in seinem Inneren allmählich das Material. Gase und Staub verursachten brennende Augen. Die Haut an unseren Händen und Gesichtern war wie Krokodilleder. Der Wind war entweder heiß und voller Staub und Gase oder kalt und voll von schmutzigem saurem Schnee.

Schlaflosigkeit heißt, schlafen zu wollen, aber es nicht zu können. Hier auf dem Berg hätten wir auf der Stelle einschlafen können, aber niemand verspürte den Wunsch dazu. Unmöglich, sich von dem, was hier vorging, loszureißen. Wir entschlossen uns zum Bau einer „Isolationseinheit": Wir schlugen ein Zelt in einer so tiefen Schneesenke auf, daß von der Landschaft nichts zu sehen war. Dennoch hatte der heftige Wind es binnen weniger Minuten in Fetzen gerissen. Wir blieben wach.

Eines Tages flog der Hubschrauber zweimal vorbei und warf Bretter, Zelte, Brennholz, einen Ofen und Proviant ab. Wir gruben das Zelt bis zum Dach ein und bauten nach Igluart einen Eingang aus Schneeblöcken, damit der Wind nicht durch die Tür hereinblasen konnte. Naß und erschöpft, aber zufrieden mit dem Werk unserer Hände krochen wir hinein. Dann mußten wir uns mit Wasser versorgen. Der Schnee war bitter und säuerlich, auch wenn er sauber aussah. Wir kletterten von Rinne zu Rinne, ein Blizzard zog herauf, doch immerhin konnten wir auf dem Grund einer tiefen Schlucht einen Bach ausfindig machen. Als die Nacht hereinbrach, wurde der Schneesturm schlimmer, er blies vom Pazifik herüber. Die Windböen waren so heftig, daß Kohlen aus dem Ofen geweht wurden und das Dach anfing zu rütteln. Feiner Schnee drang in alle Nischen und Ritzen. In unmittelbarer Nähe des Ofens schmolz er, etwas weiter entfernt häufte er sich zu winzigen Wehen auf. Stille brach über uns herein. Zuerst hörten wir noch die Explosionen und den Sturm, dann wurde alles ruhig. Wir waren völlig eingeschneit. Seltsam – es war so still, daß wir sogar die Kerze tropfen hören konnten, doch dann drang durch das schneebedeckte Zeltdach schwach ein anschwellendes Grollen: Die Eruption setzte sich mit verstärkter Kraft fort.

Wir bemerkten ein gleichbleibendes Muster: die Eruption wurde stärker bei Nacht und nahm tagsüber ab. Je schlechter das Wetter, desto stärker die Eruption, während bei strahlendem Wetter idyllische Ruhe herrschte. Die Fumarole des Vulkans war in Dampfschwaden gehüllt, der Krater in wollweiße Wolken.

Auf dem Höhepunkt der Eruption ergießt sich ein Lavastrom aus dem Kljutschewskij (Kljutschewskaja Sopka).

Die Sekundäreruption des Kljutschewskij 1966/67. Aus einem unterirdischen Wasserlauf am Fuß des Aschenkegels ergießt sich Lava …

... Der Lavastrom entfernt sich vom Fuß des Aschenkegels. Ein Krater auf dem Vulkankegel schleudert Gase und glühendes Gestein aus.

Nachts heulten die Schneestürme noch stärker über unseren Köpfen. Der Schnee war flüssig, er bildete keine feste Decke über uns, sondern verbreitete sich langsam über das ganze Ödland. Das Zeltdach gab immer mehr nach. Wir schätzten, daß etwa eine Tonne Schnee auf der einen Zelthälfte lastete und es diesem Gewicht nicht lange würde standhalten können. Für alle Fälle schliefen wir mit dem Kopf zur Tür. Ein einziges Brett stützte eine Zeltseite ab. Stille schien sich auszubreiten, als wir plötzlich ein verdächtiges Knistern hörten. Mitten in der Nacht zündeten wir den Ofen an, wärmten uns unser Frühstück auf und krochen ins Freie, um das Zelt vom Schnee zu befreien. Dazu mußten wir mit einem Stock einen senkrechten Tunnel durch den Schnee graben und ihn mit der Hand und mit Hilfe von Spaten erweitern. Wie Maulwürfe krochen wir hinaus und hinein. Gemeinsam räumten wir den Schnee vom Zeltdach.

Wir kamen gerade rechtzeitig hinaus. Ein Lavapfropfen hatte sich im Tal gebildet, so daß der Strom direkt auf uns zuhielt, anstatt weiter gemächlich hinabzufließen. Die rote Mauer schob sich ohne Eile die dreihundert Meter voran, die zwischen ihr und uns lagen. Als ich zu unserem Lager zurückwollte, sah ich es unter der Last des Schnees einstürzen, und innerhalb von Sekunden war die Stelle, an der es gestanden hatte, nicht mehr zu erkennen. Schwer bepackt mit Rucksäcken bahnten wir uns einen Weg durch die Kruste des schwarzen Eises und kehrten zum unteren Lager zurück. Von neuem kam Schneesturm auf, der uns schwarze Eissplitter ins Gesicht peitschte und uns das Atmen schwer machte. Auf einem hohen Kamm legten wir eine Rast ein. Der riesige Vulkankegel stand vom Gipfel bis zur Basis entblößt vor uns. In gleichmäßigem Rhythmus stürzten Lavafontänen auf den Schlackenkegel, und den Bruchteil einer Sekunde später hörten wir die Explosionen. Ein schwarzer Fluß mit zwei Armen breitete sich im Tal aus und verschwand unten am Waldrand. Seine Seiten waren von schwarzen und weißen Hieroglyphen gesäumt, dem Werk stürmischer Winde, von Asche und Schnee. Die Luft erzitterte, eine Aschenwolke erhob sich über dem Schlackenkegel. Unter Krachen verschwand der Kljutschewskij, und ein schwarzer Aschenschweif zog sich über die Hügel ringsum.

Auf diesen Ausbruch waren wir nicht gut vorbereitet. Wir hatten weder die nötigen Kameras samt Ausrüstung noch ein angemessenes Transportmittel oder auch nur eine Funkverbindung. Nur Enthusiasmus und Durchhaltevermögen hielt uns unter solch unmenschlichen Bedingungen aufrecht – wir sammelten wissenschaftliche Daten und entdeckten Muster in stürmischen und auf den ersten Blick unvorhersehbaren Naturerscheinungen. Für uns war der sehnsüchtige Wunsch jedes Vulkanologen in Erfüllung gegangen, der sehr schön in ihrem traditionellen Abschiedsgruß zum Ausdruck kommt: „Auf daß du in einen katastrophalen Ausbruch gerätst!"

Links
Der Kljutschewskij (Kljutschewskaja Sopka).

Folgende Doppelseite
Der Ostryj und der Ploskij Tolbatschik. Im Hintergrund der Besymjannyj, der Kljutschewskij und der Ploskij. Dieses Bild und das auf der darauffolgenden Doppelseite zeigt den Tolbatschik, wie er vor der Eruption von 1975 aussah.

Der Ausbruch des Tolbatschik

Neun Jahre nach dem Ausbruch des Kljutschewskaja Sopka wurde in der für die Überwachung der Kljutschewskij-Vulkangruppe zuständigen seismographischen Station eine Welle von Erdbeben für die Gegend um den Tolbatschik registriert. Das ließ auf eine Eruption des Vulkans schließen. Und tatsächlich schleuderte der Tolbatschik Asche 1500 Meter hoch in die Luft, und bei Nacht sah man den roten Widerschein vom geschmolzenen Kern des Vulkans.

Den exakten Zeitpunkt und Punkt des Ausbruchs konnte man aus den seismographischen Daten erschließen. Feldseismometer wurden aufgestellt, und ein Vulkanologenteam reiste zum Ort des Geschehens. Dort entwickelte sich alles sehr rasant: Am 6. Juli 1975 brach vierzehn Kilometer vom Fuß des Vulkans entfernt an einem neunhundert Meter über dem Meeresspiegel liegenden Lavaplateau ein Spalt auf. Über ihm wirbelten Dampf und Gase, und dann begann das Plateau, glühendheiße Schlacke auszuspeien. Das hielt 24 Stunden lang an, wobei die Lava einem einzigen Schlot entquoll. Allmählich bildete sich der Schlakkenkegel, die typische Vulkanformation, heraus. Der Wind trug Wolken von Gasen, Asche und Schlacken nach Südosten und ließ dabei eine Schuttspur zurück

Durch das Lavaplateau, bekannt als Tolbatschik-Tal, zieht sich ein sechzig Kilometer langer tiefer Riß. Mitten auf diesem Riß erhebt sich der uralte, immer noch tätige Tolbatscha-Vulkan. Die Entstehung des Spalts fiel in eine Phase basaltischer Vulkantätigkeit, die vor 10 000 bis 20 000 Jahren begann. Damals kam es alle dreißig Jahre zu einer Eruption, einige davon dauerten monate- oder gar jahrelang. Vulkanologen schätzen die Lage des Magmareservoirs auf sechzig bis siebzig Kilometer unter der Erde. Das Magma, das dieses Reservoir speist, steigt aus noch größeren Tiefen auf. Die Eruptionen, deren Augenzeugen wir wurden, fanden zu ebener Erde statt – wir brauchten unser Lager nicht in den Schnee einzugraben und nicht über vereiste Hänge zu steigen. Wir schlugen unser Lager knapp zwei Kilometer vom Ort der Eruption entfernt auf. In der Nähe gab es frisches Wasser, Sibirische Zwergkiefern, Blaubeeren und Preiselbeeren. Der Wind trug die Asche von uns fort. Weil der Ort leicht zugänglich war, trudelten Touristen ein; einmal kletterte sogar eine Frau mit Baby aus einem Hubschrauber.

Mittlerweile steigerte sich die Stärke der Eruption rasch. Das Magma wurde unter extrem hohem Druck durch den Spalt nach oben und herausgepreßt, und die im Magma gelösten Gase dehnten sich mit der Kraft einer Explosion aus. Mit den Gasen, die dem Spalt entwichen, spritzte glühendheißes Flüssiggestein heraus, Steinsäulen splitterten und krachten, Dampf und Gas schossen bis zu elfhundert Meter hoch in die Luft. Am Tag war es finster, glühende Fetzen wirbelten durch die Luft. Nachts glühte es in allen Schattierungen geschmolzenen Metalls.

Vorhergehende Doppelseite
Das Tolbatschik-Plateau. Hier fand die große Tolbatschik-Eruption statt, und zwar entlang des Verwerfungsspalts.

Links
Die ersten Stadien der Eruption gingen mit einer gewaltigen Emission von Magmagasen einher. Die sich ausdehnenden Gase schleuderten glühende Steine, Schlacken, Asche und Dampf empor und führten so zur Herausbildung der klassischen Vulkanstruktur, des Aschenkegels.

Folgende Doppelseite
Gesteinsbrocken, Gase und Asche bilden eine zwölf Kilometer hohe Säule.

Da drehte der Wind unerwartet, und die Aschenwolke trieb auf das Lager zu. Regen vermischte sich mit Asche, große Schlackenstücke und Steine fielen auf die Zelte. In einer einzigen Nacht türmte sich eine siebzig Zentimeter dicke Schlackenschicht auf dem Lager auf. Praktisch die ganze Ausrüstung samt Seismometern wurde unter Schlackenschichten begraben und war damit lahmgelegt. Das Brüllen des Vulkans war von Donnergrollen begleitet. Mitten am Tag war es fast völlig dunkel, außer wenn der Vorhang aus fliegenden Steinen durch Blitze erhellt wurde. Das gesamte pflanzliche Leben erstickte, die zerfetzten Zelte sackten unter der zunehmenden Last der Schlacken zusammen, und das Wasser in unserer Quelle war verdampft.

In einer Mulde, die weiter weg vom Vulkan lag und von Kämmen erstarrter Lava umgeben war, schlugen wir aus Zelten mit Rahmen ein neues Lager auf und schützten das Lagerfeuer mit einer Markise vor Regen und herabfallender Asche. Es war warm und still. Moskitos summten umher. Zwischen dem Vulkan und dem Lager erstreckte sich dichter Wald, und in der Nähe lag zwischen Weißbirken und Sträuchern ein tiefer, klarer See. Vom ausbrechenden Vulkan waren wir vier Kilometer entfernt. Vor unseren Augen vollzog sich das Schauspiel der Eruption in seiner ganzen Pracht. Seine überwältigende Schönheit und Dynamik begeisterte uns, doch dann überkam uns Müdigkeit, und wir schliefen ein.

Geodäten arbeiteten am nördlichen Fuß des Berges. Unter Schichten von Lava fanden sie mitsamt ihren Instrumenten in tiefen Höhlen mit eigenen Schmelzwasserquellen Schutz. Es gehörte besonderer Mut dazu, sich in unmittelbarer Nähe des gerade aktiven Vulkans in steinernen Fallen einzuschließen. Später stellte sich heraus, daß sie sich unmittelbar über der Bruchlinie befanden und die nachfolgende Eruption direkt unter ihnen stattfand. Mehr als einmal zerschmetterten heiße Stein„bomben" die hölzernen Schutztüren und landeten in den Höhlen. Das Grau der Dämmerung wich der Schwärze der Nacht. Der Wirbelwind fliegender Asche glühte purpurrot, Blitze ließen ihn noch heller leuchten. Je schneller die Eruptionen aufeinanderfolgten, desto dichter war das Lockermaterial. Manchmal lagen nur wenige Sekunden zwischen zwei Ausbrüchen, dann waren die Funkverbindungen gestört und die Genauigkeit der Instrumente beeinträchtigt. Um Mitternacht erschien ein merkwürdiges Licht über dem Kegel – braungrün leuchtete der Mond zwischen den schwarzen Wolken.

Noch während wir uns fragten, was als nächstes passieren würde, öffnete sich am Hang des Nachbargipfels, der an den Fuß des Vulkans angrenzte, ein neuer Spalt. An einer Schwachstelle durchbrach Magma die Oberfläche, und bald erhob sich ein vierzig Meter hoher Rand und legte Schichten von Vulkangestein frei. Der Ausbruch trat jetzt in eine neue Phase: Es gab nun außer den von expandieren-

Rechts und folgende Doppelseite
Der Ausbruch des Tolbatschik.

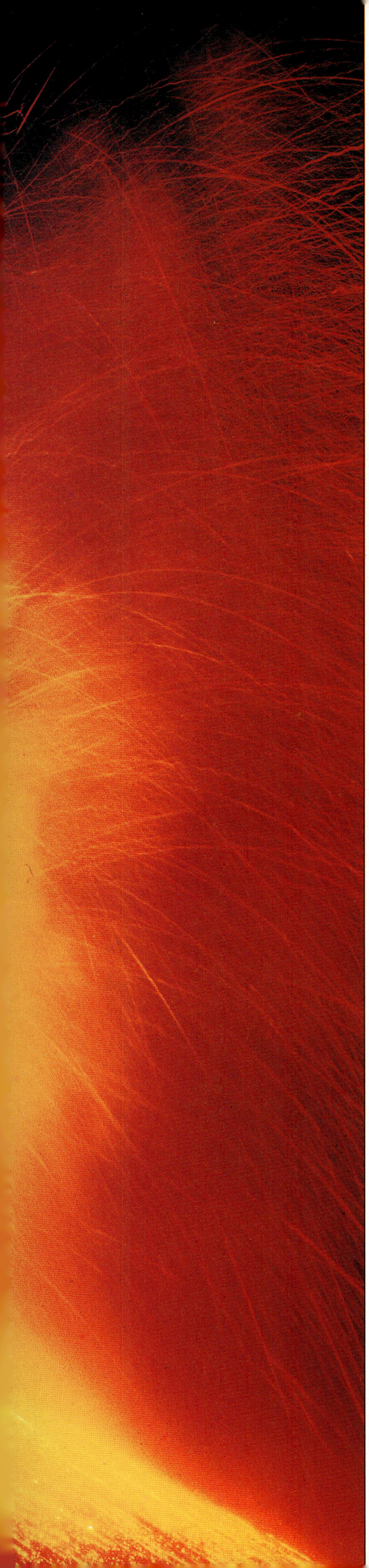

den Gasen ausgelösten Eruptionen auch Ergüsse teilweise schon entgaster heißer Lava. Zuerst floß die Lava in einzelnen dünnen Rinnsalen, dann flossen diese zu einem breiteren Strom zusammen, der eine Geschwindigkeit von dreihundert Metern pro Stunde erreichte. Das vordere Ende dieses Stroms glühte in leuchtendem Karminrot, selbst bei hellem Sonnenlicht. Bald erreichte er den Waldrand, und die Gase vermischten sich mit dem Qualm von brennendem Holz. Schon waren der Hubschrauberlandeplatz und der Wasservorrat in Gefahr. Das wogende Flammenband erstreckte sich über vier Kilometer. Alle fürchteten für den See. Binnen zwei Stunden war der Lavastrom bis in Ufernähe vorgedrungen. Die Bäume am See fingen Feuer, und der Lavafluß waberte am Ufer. Rote Stücke brachen von ihm ab und krachten mit dumpfem Getöse ins Wasser. Dampf hüllte die Bäume ein, eine weiße Wolke drehte ab, zog vorüber, und plötzlich war von dem See nichts mehr zu sehen. Zusammen mit dem Hubschrauberlandeplatz hatte ihn die Lava unter sich begraben.

Obwohl unser Lager außer Gefahr war, fanden wir uns in einer anderen Welt wieder. Kein Baum, keine Mücke, kein Vogel, kein blauer Himmel war mehr zu sehen. Nichts als blauer Dunst über dem glutflüssigen Lavastrom. Vorher war die Lava über uns gewesen, und wir waren weiter ins Tal hinabgestiegen. Nun war sie unten im Tal, wurde breiter und stieg sogar an den Talwänden auf, und wir standen sicher auf einer Seite des Stroms. Hinter uns lag still und farblos eine hügelige Wüste aus Asche und toten Bäumen. Krähen kreisten über ihr auf der Suche nach Vögeln und kleinen Tieren, die Opfer des Fallouts geworden waren. Es war nicht mehr möglich, die Stelle auszumachen, wo der See und der Hubschrauberlandeplatz gewesen waren. Am Horizont war die Landschaft nebelverhangen, so daß alles eindimensional wirkte. Nur eine Farbe gab es hier – Grau. Das Grau verband sich mit den Wolken, dem Himmel, dem Regen und der ganzen Landschaft, aber in so vielen Farbnuancen, daß es nie eintönig wirkte.

Am 1. August um vier Uhr nachmittags öffnete sich dann der nördliche Bruch. Lava brach am Fuß des Kegels durch. Blauer Rauch, augenblicklich gefolgt von einer Lavafontäne, zeigte die Geburt eines neuen Lavastroms an. Der leuchtende Storm floß unablässig, manchmal sprühte er über zweihundert Meter hoch in einem Winkel von 45 Grad. Eine neue Lavaschicht breitete sich über den älteren, erstarrten Strömen aus, und bis zum Abend hatte sie das Lager erreicht. Um Mitternacht schlug die Wache Alarm. Ein Teil des Stroms in der Nähe des Lagers hatte sich in Bewegung gesetzt. Unsere nun einsetzende nächtliche Wanderung war wie die biblische Flucht nach Ägypten. Im Schein des Vulkanausbruchs warfen unsere Gestalten lange dunkle Schatten. Aus der Finsternis der Nacht tauchten undeutlich die bleichen Skelette von Büschen auf. Das Wetter verschlechterte

Die Eruption war nachts heftiger als tagsüber und ging häufig mit Blitz und Donner einher.

Oben
Der Lavastrom setzt auf seinem Weg Bäume und andere Pflanzen in Brand. Ein Trinkwasserreservoir war in Sekundenschnelle vernichtet.

Folgende Doppelseite
Das vordere Ende des Lavastroms
war mehrere Kilometer breit.

sich; das Heulen des Windes und das Grollen des Vulkans in der Ferne machten in dieser furchtbaren Nacht das Maß voll. Schlacken und Regen überzogen erneut Zelte und Plane. In dieser gefährlichen Lage schliefen wir in unseren Kleidern.

Wir lebten in einer bedrohlichen Welt, die sich ständig veränderte. In der Ferne verbreiterte sich die bleigraue Spirale aus fliegenden Steinen und verdichtete sich am Gipfel zu einer unheimlichen grellen Wolke. Der Boden war aschgrau, fühlte sich rauh an, hallte wider und war vollkommen trocken. Auf dieser porösen Oberfläche war Wasser schwer vorstellbar. Die wenigen überlebenden Geschöpfe, verstörte Vögel, Mäuse, Bären und Auerhähne, zuckten nur schwach ohne das dringend nötige Wasser. Staub gab es allerdings nicht. Ganz gleich, was die Aschensäule emporschleuderte, jetzt regnete es nur poröse Steine auf unsere Köpfe.

Die Schlacke ebnete die Hügel ein, die Senken füllten sich. Das Gehen fiel uns leicht. In der Tiefe lag der zerstörte Wald. Unter der Plane hielten wir ständig ein Feuer in Gang; Brennholz gab es in Massen. Wenn es regnete, ließen wir das Wasser von der Plane in Schüsseln und Eimer laufen. Schlackengefiltert schmeckte es brackig und bitter. Einmal setzten wir einer Schüssel besonders bitterem Wasser einen Löffel Soda zu, und sofort gab es eine Explosion wie bei einem kleinen Geysir. Der Tee roch nach Kompott und schmeckte ekelhaft. Es gab kein Entrinnen vor dem kalten Wind, der unsere Kleider, Gesichter und Kameras mit Regen und Schlamm überzog. Die Eruption war jetzt auf dem Höhepunkt, der Kegel außer Form geraten. Explosionen in einer Röhre zerstörten deren Wände und beförderten Brocken tiefliegenden Sedimentgesteins an die Oberfläche – schneeweißen Sandstein und Kalk, außen mit schwarzer Vulkanmaterie eingefärbt. Wir stießen auf Steine, auf denen noch Pflanzen lebten. Lavafontänen pulsierten, schleuderten Fetzen empor und flossen wie Wasser die steilen Hänge hinab, spritzten und schlugen Wellen. Nach einem Monat heftiger Aktivität wurde alles ruhig. Der Krater verstummte, die Lava erstarrte. Der Schlackenkegel hatte jetzt eine Höhe von dreihundert Metern erreicht. Doch seltsamerweise registrierten die Seismographen erneut vulkanische Tätigkeit. So begab sich eine Gruppe von Vulkanologen auf die Suche nach letzten Lavastücken. In dem Moment, als sie sich auf die Erde setzten, um eine Zigarette zu rauchen, riß vor ihnen ein zickzackförmiger Spalt auf. Gase und Dampf stiegen auf, und feine Lavafontänen schossen in die Luft. Der Spalt verbreiterte sich vor ihren Augen. Sie versuchten, die Geschwindigkeit zu messen, mit der die Wände des Spalts auseinanderdrifteten, und sprangen von einer Seite zur anderen, um zu sehen, was in der Tiefe vor sich ging. Sie hatten zum zweiten Mal einen Vulkanausbruch miterlebt. Am Tag darauf erreichten die Lavafontänen bereits achthundert Meter Höhe.

Obwohl das Zentrum der Eruption und der Lavastrom weit weg waren, gingen Bäume und andere Pflanzen unter dem Gewicht des Schlackenregens ein.

Einige Jahre nach der Eruption hat
das Gebiet um den Vulkan herum
immer noch Wüstencharakter ...

… Von den Bäumen sind nur Skelette übrig, genauer Skelette von Baumwipfeln; die Stämme sind unter Schlacke begraben.

Nach dem Ausbruch trat eine unheimliche Stille ein, und die Landschaft lag kahl und tot unter Asche begraben da.

Mitte August brach nach kurzer Ruhepause nördlich des neuen Kegels ein dritter Vulkan aus. Die heftige Eruption war begleitet von Donnern und einer Fontäne aus blauer Lava. Der Kegel entwickelte sich sehr schnell. Ende August intensivierte sich die Eruption des zweiten Kegels, die anderen Kegel verstummten.

Erneut verlegten wir unser Lager, wieder konnten wir den Vulkan und den Lavastrom von unseren offenen Zelten aus sehen. Ein Feuer brannte, und die Kanister waren mit frischem Wasser gefüllt. Bei Sonnenaufgang brachen wir mit gepackten Rucksäcken auf. Der blaue Himmel verfärbte sich. Eine schwarze Aschensäule über dem Gipfel verdunkelte die letzten Sonnenstrahlen, Wolken von gespenstischer Farbe wirbelten umher und verschwanden in der Ferne. Unten im Tal vertiefte sich die blaue Finsternis, an deren Rand der gleißende Strom langsam vorrückte und eine vereiste Schlucht erleuchtete. Über dem Vulkan leuchtete es immer intensiver. Als erstes durchquerten wir ein Niemandsland, in dem die Sicht gut war; hier waren wir sicher, konnten uns unterhalten und den Boden unter unseren Füßen erkennen. Dann überschritten wir eine unsichtbare Grenze und mußten uns darauf konzentrieren, uns im Zwielicht zurechtzufinden. Gefahr lag in der Luft, aber wir ließen uns nicht entmutigen.

Das Wetter war herbstlich, es regnete, war windig, und Wolken zogen am Himmel dahin. Der September brachte nichts Bemerkenswertes – Herbstfarben tauchten in der grauen Wüste nirgendwo auf. Die Berge schneiten ein. Die neuen Kegel waren noch schwarz und aktiv. Wir zitterten in dem kalten Wind, obwohl es direkt neben uns etwa tausend Grad heiß war. Manchmal wärmten und trockneten wir uns am Lavastrom. Der feuchte Wind hatte den Sommer endgültig vertrieben.

Mitte September fuhren wir eines Morgens aus dem Schlaf hoch, weil plötzlich absolute Stille herrschte. Auf einmal gab es das unablässige Hintergrundgetöse nicht mehr, und sogar das Wetter war ruhig. Kaum wahrnehmbare Rauchfahnen stiegen über dem Krater auf, von unten durch einen rosigen Schimmer erleuchtet. Der Ausbruch war vorüber. Drei oben abgeplattete Hügel standen in einer öden Landschaft. Wolken warfen violettschwarze und die Strahlen der niedrigstehenden Herbstsonne gelbbraune Schatten; zwischen den Hügeln breiteten sich neue Schlackenfelder aus.

Am Tag wanderten wir zur Basis der Kegel. Aus der Nähe wirkten die riesigen runden Felsen noch größer. Sie waren mit einer Lavahaut überzogen und sahen aus wie Kohlköpfe. Sie waren bei besonders heftigen Eruptionen aus dem Herzen des Vulkans geschleudert worden und dann den Kegel hinuntergerollt, wobei Klumpen zähflüssiger Lava an ihnen hängengeblieben waren. Es war wie auf einem riesigen Schlachtfeld: still, tot, bewegungslos. Nach einer Woche unaufhörlichen Getöses waren die frische Luft und die Stille fast so überwältigend wie die Eruption selbst.

Der Ausbruch ist vorüber. Durch Oxidierungsprozesse ausgelöste Sekundärfeuer brennen auf den vielen Aschenkegeln. Komplexe chemische Verbindungen und Minerallager sind nun im Entstehen. Schon von weitem sind die farbenfrohen Resultate der Sublimation oben an den Hängen der Aschenkegel zu erkennen. (Als Sublimation bezeichnet man den Übergang eines festen Stoffs in den gasförmigen Zustand.) Die Oxidation und die dazugehörigen Feuer werden noch jahrelang andauern.

Noch einen Tag blieb es so still. Tiefhängende Wolken hüllten alles um uns herum ein, unser Zelt verschwand im Nebel. Nach solchem Aufruhr war die Stille fast unheimlich. Eine Funkverbindung überbrückte die Entfernung zwischen den Lagern; ein endloser Strom von Fragen erreichte uns: Was war geschehen und wo? An jenem Abend sagten die Seismologen für den Mittag des folgenden Tages einen Ausbruch voraus; wir sollten den Lavaerguß des südlichsten der drei Kegel beobachten. Im Laufe des Tages kamen am Himmel hinter den Kegeln sonderbar staubfarbene Kumuluswolken auf. Dann sahen wir unten im Tal blauen Rauch über dem Lavaerguß. Die Eruption setzte sich fort. Die erste Gruppe von Kegeln, die sich im Tolbatschik-Tal gebildet hatten, hatten wir Nordbruch genannt. Das Ergebnis dieser neuen Eruption nannten wir Südbruch.

Dieser Ausbruch war anders als der im Norden: die chemische Zusammensetzung von Lava und Gasen war eine andere. Es gab wenig vulkanische Lockermassen, dafür einen sanften Erguß heißer Lava. Bei ihrem Vorrücken entstanden auf den sich abkühlenden Strömen neue Kanäle. Lavaflüsse liefen in Tunneln unter der verhärteten Kruste und bildeten Lavaseen. Wann immer es möglich war, bückten wir uns nach Feldspatkristallen, die in Trauben oder in Form kreisrunder Platten reichlich mit den Schlacken herabfielen.

Als die Kegel des Süd- und des Nordbruchs ausbrachen, gab es auch auf dem Ploskij Tolbatschik vulkanische Aktivität. Über seinem Krater wirbelte eine Aschenwolke, die manchmal zweitausend Meter hoch stand und eine Verbindung zwischen den Eruptionen im Tal und dem eigentlichen Vulkan bildete. Der Vulkan Ploskij Tolbatschik bildet zusammen mit dem älteren Ostryj Tolbatschik ein einziges Massiv. Ersterer hat einen flachen Gipfel mit einem Durchmesser von über vier Kilometern. Diese tellerförmige Caldera ist das Resultat einer Beruhigung auf dem Gipfel nach früheren Lavaergüssen aus den Spalten im Tolbatschik-Tal. Innerhalb der größeren äußeren Caldera befindet sich eine kleinere von etwa anderthalb Kilometern Durchmesser mit einem aktiven Krater, der hundertfünfzig Meter tief und dreihundert Meter breit ist. Vom Rand des Kraters aus sind Spritzer flüssiger Lava und glühende Steine im Inneren zu erkennen. 1970 bildete sich am Boden des Kraters ein Lavasee, der aus der Luft deutlich sichtbar war. Diese Aktivität vergrößerte den Durchmesser und die Tiefe des Kraters. Gleichzeitig schmolz eine Eismasse und bildete einen heißen See am Grund des Kraters. Als dann die Eruption von 1975 im Dezember 1976 endete, hatten die Lavaströme die Morphologie der ganzen Gegend verwandelt.

Wir waren Augenzeugen der größten historisch belegten Eruption in der Kurilen-Kamtschatka-Region geworden. Die Untersuchung des dabei gesammelten Materials wird Jahre dauern und sicherlich einen wichtigen Platz in der geologischen Erforschung unseres Planeten einnehmen.

Die Sublimation bringt ungewöhnliche Mineralformen hervor.

Der Gorelyj und der Mutnowskij

Diese beiden Vulkane gehören zur südlichen Vulkankette Kamtschatkas und sind von der Ostkette durch eine Senke getrennt, welche die Halbinsel in Höhe der Awatscha-Bucht von West nach Ost durchschneidet. Sie sind vor langer Zeit aufgrund von vulkanischer Aktivität entstanden, die basaltische Vulkane hervorgebracht hat. Deren Gipfel wurden durch gewaltige Explosionen zerstört, deren Resultat riesige, tiefe Calderen sind. Infolge späterer Ausbrüche sind auf den Hängen dieser frühen Schildvulkane vulkanische Gebilde gewachsen, und zwar der Mutnowskij, der Gorelyj und deren unmittelbare Nachbarn in der Nähe von Petropawlowsk, Korjak und Awatscha. Ihre Kegel entstanden aus Andesitlava oder Eruptionsschlacken. Diese Vulkane bestimmen die Silhouette des heutigen Kamtschatka wesentlich mit. Einige befinden sich ständig in Aktion, andere sind ruhig oder haben, wie die Uson-Caldera an den Hängen des Kichpinitsch und des Koscheljewa, sporadische Fumarolentätigkeit.

Der 2324 Meter hohe Mutnowskij ist einer der aktivsten Vulkane Kamtschatkas. Seine Caldera ist ziemlich unregelmäßig geformt und hat an der breitesten Stelle einen Durchmesser von zehn Kilometern. Entstanden ist sie aus zwei Kegeln, die bei Eruptionen zerstört bzw. beschädigt wurden. Inzwischen konzentriert sich die Vulkantätigkeit auf den nördlichen Teil der Caldera. Hier liegen Gletscher zwischen Felsmassiven, die sich durch ständige hohe Temperaturen und saure Lösungen gebildet haben. In dem Krater, der bei einer Explosion am Westkamm des Vulkans entstand, sieht man gelegentlich die Glutwolke heißer Lava. An vielen Stellen der Caldera steigen Säulen von Schwefelgasen auf, außerdem gibt es in ihr heiße Seen sowie Schlammkessel und Fumarolen, die heiße Schwefeltröpfchen ausstoßen.

In unmittelbarer Nachbarschaft des Mutnowskij liegt der Gorelyj. Er ist nicht ganz so hoch wie jener, hat aber eine massive Basis und einen mit Kratern überzogenen Rücken, der eine elliptische Caldera von neun bis vierzehn Kilometern Breite bildet. Mehrere Krater sind periodisch aktiv. Auf ihrem Grund entstehen von Zeit zu Zeit heiße Seen. Die Kraterwände sind steil und weisen Schichten poröser Ablagerungen auf, die sich im Zuge der vielen Vulkanausbrüche gebildet haben. Bei klarem Wetter sind von Petropawlowsk-Kamtschatskij aus graue Wolkentürme oder Kumulusgebilde samt Aschenwolken zu sehen. Aschenkegel und erstarrte Lava bedecken weitflächig die Hänge der Caldera und den gesamten Vulkan.

Links
Innenansicht eines der vielen Krater, aus denen der Mutnowskij besteht. Der Mutnowskij ist einer der aktivsten Vulkane Kamtschatkas.

Folgende Doppelseite
Das Zentrum des Vulkans ist überzogen mit Trichtern und Kesseln voll kochendem Schlamm, gelben und schwarzen Hügeln, Säulen aus Schwefel sowie hochsauren Bächen. Darüber schwebt eine Wolke von giftigen Gasen.

Links
Der Gorelyj ist ein aktiver Vulkan mit vielen Kratern, von denen einige periodisch aktiv sind und dann Gase, Aschenwolken und Dampf ausstoßen. Die Kraterwände sind steil und bestehen aus Schichten poröser Ablagerungen, die Zeugnis ablegen von früheren Ausbrüchen. Hin und wieder bilden sich in den Kratern kleine Seen, die durch das heiße Gestein auf ihrem Grund erwärmt werden.

Folgende Doppelseite
Der Gorelyj ist ständig aktiv, mal mehr, mal weniger. Hier ist einer seiner sporadisch vorkommenden Gas-, Dampf- und Ascheausbrüche im Bild festgehalten worden.

Vorhergehende Doppelseite
Im Mutnaja-Krater entspringt der gleichnamige Fluß. Sein extrem saures Wasser gräbt sich seinen Weg durch die Kraterwände und den Gletscher. Die Säuren bilden sich in den vielen heißen Seen, kochenden Schlammkesseln und Fumarolen. Der Mutnaja-Fluß ist so sauer, daß kein Fisch darin leben kann, nicht einmal dort, wo er in den Pazifik mündet.

Oben
Aus Schwefelgasen, die tief aus dem Vulkaninneren an die Oberfläche drangen, hat sich Schwefel abgesetzt.

Die Nordwand des Vulkans ist aufgrund einer tektonischen Verwerfung gespalten. In diesen Spalt stürzt der Mutnaja-Fluß über hundert Meter tief herab. Die Wände des Cañons bestehen aus Lavaschichten, die bei früheren Ausbrüchen entstanden.

Der Kronotzkij-Naturschutzpark

Die Kronotzkij-Halbinsel wurde zum Naturschutzgebiet erklärt, um diese durch aktuelle und frühere Vulkantätigkeit entstandene Landschaft zu erhalten. Sie kann insofern als repräsentativ für ganz Kamtschatka gelten, als sich auf ihr Beispiele für alle Naturwunder Kamtschatkas finden. Das Reservat gehört zu der großen Zahl von Gebieten auf der Welt, in denen die Biosphäre geschützt wird. Unter ihnen nimmt es aufgrund seiner einzigartigen geophysikalischen Phänomene eine besondere Rolle ein. In Rußland ist es mit einer Fläche von knapp anderthalb Millionen Hektar eines der größten Naturschutzgebiete des Landes.

Im Kronotzkij-Park liegen die meisten Vulkane der östlichen Vulkankette Kamtschatkas. Seine Nordostgrenze wird vom Gebirgsmassiv der Kronotzkij-Halbinsel mit seinen steilen Felshängen und dem größten Eisfeld Kamtschatkas gebildet. Eis bedeckt über elftausend Hektar der Halbinsel. Die meisten Vulkane im Reservat sind erloschen, ihre Aktivität beschränkt sich auf Dampf- und Gasfontänen sowie heiße Quellen und Geysire. Die gleiche Entstehungsgeschichte haben das Tal der Geysire und die Uson-Caldera (siehe die folgenden beiden Kapitel) sowie das Fumarolenfeld des Burljaschtschij-Vulkans mit seinen farbenfrohen Feldern von Erzadern und seinen Kesseln voll von kochendem schwarzem Schlamm. Die Thermalquellen sind von leuchtendbunten Bakterien und Algen besiedelt.

Die Ostgrenze des Reservats bildet ein über dreihundert Kilometer langer Streifen der Pazifikküste. Die Küstenlandschaft ist sehr abwechslungsreich: es gibt hier Buchten, Lagunen, sandige flache Stellen, Riffs und Klippen. Auf den Klippen nisten Vogelkolonien, und das Meer schwemmt Aas ans Ufer, das Vögel und andere Tiere anzieht. Bären halten sich am Strand auf, schwimmen im Meer oder suchen in der Tundra, die sich in einem schmalen Streifen bis zum Ozean hinzieht, nach Beeren.

Der Ozean beeinflußt das Klima der Küstenregion. Hier gibt es keinen starken Winterfrost wie überall sonst auf der Halbinsel, dafür aber starke Schneefälle und oft regenschwere Wolken. Über dem Meer brauen sich Orkane zusammen, entwickeln ein rasendes Tempo und fegen dann über die Küste. Aufgrund des starken Winds haben die Bäume an der Küste – Ebereschen, Zwergweißbirken, Sibirische Kiefern, Weiden und Erlen – stark verkrüppelte, gedrungene Formen. Ganze Wälder von Eisenbirken beugen sich in Richtung des vorherrschenden Winds. Nur in geschützten Senken wachsen in dichtem Unterholz und hohem Gras Bäume mit dicken Stämmen.

Links und folgende Doppelseite
Der Kronotzkij ist einer der schönsten Vulkane Kamtschatkas. Sein vollkommen ebenmäßiger Kegel ist zerfurcht von Rippen und Barrancos. An seinem Fuß liegt der Kronotzkij-See, der größte See der Halbinsel. Er wird unterirdisch gespeist. Als Lavaströme den Abflußkanal abtrennten, konnten die Lachse ihn nicht mehr verlassen. Einige Arten gingen daraufhin ein; sie waren nicht in der Lage, sich den neuen Bedingungen anzupassen. Andere Arten aber begannen, in seichten Abschnitten des Sees und in den Bächen zu laichen, die nach wie vor mit ihm verbunden sind.

Ich besuchte das Reservat 1964 zum ersten Mal. Wir waren zu dritt und reisten mit einem einheimischen Führer, mit Packpferden und einem Hund. Unsere Reise begann in einem Fischerdörfchen am Meer. Der Pfad führte über eine steile Klippe, unter uns spülten die Wellen des Pazifik an einen breiten Strand. Der Ozean war grau, der Himmel bleiern. Überall Möwen. Vor uns vollkommene Abgeschiedenheit; die nächste Siedlung lag über sechzig Kilometer weit weg.

Als wir uns landeinwärts wandten, kreuzte ein kleiner Fluß unseren Weg. Zwei Baumstämme führten hinüber. Auf der Mitte blieben wir stehen, und in der starken Strömung sahen wir große Schwärme von riesigen Schmerlen und Lachsen. Dann kamen wir an eine Flußmündung. Eine schmale, sanftgebogene Landzunge trennte ein großes Reservoir vom Ozean ab. Solche Formationen sieht man hier häufig: Flüsse spülen das Sedimentgestein fort, und der Ozean schwemmt es wieder zurück. Die Flüsse häufen Sandbänke auf, die durch das Steilufer des Ozeans geschützt sind. Niedrige Wolken stiegen über der Flußmündung auf wie ein blauer Wald am Horizont. Dann tauchte aus dem Nebel der vollkommen symmetrische Kegel des Kronotzkij-Vulkans auf. Wir durchquerten das Reservat an seiner südlichsten Spitze; wir wollten an seiner Südgrenze entlangwandern, um dem Fluß Staryj Semljatschik bis zum Vulkan Malyj Semljatschik zu folgen und dann in Richtung Norden zur Uson-Caldera weiterzugehen. Diese Route hatten wir gewählt, weil sie völlig einsam war. Zuerst war der Pfad deutlich markiert, doch bald war nichts mehr von ihm zu sehen.

Wir waren noch keine tausend Meter weit gekommen, als uns eine Wildpferdstute mit ihren beiden Fohlen zu folgen begann, mal dicht hinter uns, mal mit größerem Seitenabstand. Der Pfad stieg an. Irgendwo ganz in der Nähe rauschte ein Fluß. Ab und zu kamen wir über kleine Schlackenfelder, die vergangene vulkanische Aktivität anzeigten. Überall wuchsen Pilze – Steinpilze, Braunkappen und Rotkappen. Unsere Pferde hielten uns auf Trab; auf ebenem Gelände mußte man nicht hinter ihnen herrennen, aber wenn es bergab ging, legten sie einen Schritt zu und brachten denjenigen, der sie zu beaufsichtigen hatte, ganz schön außer Atem. Endlich kamen wir aus den Wäldern heraus und in offene Landschaft. Ein anstrengender Tag ging mit einem kalten, klaren Abend zu Ende. Von ihrer Last befreit, tollten unsere Pferde mit den Wildfohlen umher, die alles neugierig beschnupperten. Wir schlugen unsere Zelte auf und zündeten ein Lagerfeuer an, das in der grenzenlosen Nacht einen warmen Kreis schuf und die Bäume erleuchtete. Die Dämmerung war milchweiß. Nebelschwaden hingen über dem Fluß und hüllten die Baumstämme ein. Es war feucht und kalt. Nur um das Lagerfeuer, von dem sich eine blaue Rauchfahne emporkräuselte, war die Luft warm.

Rechts
Der Kraschennikow liegt südlich des Kronotzkij-Sees und ist 1859 Meter hoch. Sein Gipfel besteht aus zwei Kegeln und zwei Kratern, die einen Kamm bilden. Der Vulkan erhebt sich über einer Caldera von neun Kilometern Durchmesser. Während der Frühjahrsschmelze bilden sich im Schnee oft bizarre Formen heraus.

Folgende Doppelseite
Die Vulkane der Gamtschensk-Gruppe sind Teil der östlichen Vulkankette Kamtschatkas und weisen eine bunte Vielfalt vulkanischer Formen auf, darunter Aschenkegel, Lavaströme, Fumarolenfelder und Kraterseen.

Ein sonniger Morgen zog herauf und präsentierte uns eine wunderschöne Landschaft mit Vulkanen, Tälern und dichten Gehölzen. Zuerst brauchten wir weder Karte noch Kompaß, doch dann zog eine graue Wolkenwand vom Ozean herüber und verdunkelte allmählich die Gegend. Es wurde feucht und kalt, die Sichtweite betrug nur noch wenige Meter. Bald war vom Pfad nichts mehr zu sehen, und es begann zu regnen. Der Regen auf Kamtschatka ist anders als der in Zentralrußland: Die Luft ist dann von lauter winzigen Tröpfchen durchtränkt. Bei der leisesten Berührung lief Wasser aus Gras und Büschen. Pferde und Menschen, die nur wenige Meter vor einem gingen, verloren sich schemenhaft im Dämmerlicht. Das Dickicht aus Sibirischen Zwergkiefern und Erlen war undurchdringlich, so daß wir notgedrungen einen Bogen darum machten. Manchmal war das Dickicht unterbrochen, und die ganze Karawane fand sich auf einem rutschigen bewachsenen Abhang wieder. Am Fuß dieser Furchen waren oft flache ausgetrocknete Wasserrinnen, von denen manche in unsere Richtung führten. Es gab zahlreiche solcher tiefen Furchen mit steilen Seitenwänden, die Spuren von Wassererosion aufwiesen. An manchen Stellen sickerte Wasser aus Schneewehen herunter, um nach wenigen Metern in poröser Schlacke zu verschwinden. Anderswo sickerte das Wasser bis in große Tiefen und bildete dort schnellfließende unterirdische Flüsse, die als Wasserfälle die Felswand durchbrachen.

Auf dieser Wanderung bekamen wir viel zu sehen, wie die Fotos in diesem Kapitel bezeugen. Wir besuchten die Fumarolenfelder des Burljaschtschij, der Uson-Caldera und des Tals der Geysire. Dann kehrten wir zur Pazifikküste zurück, wo der Ozean uns mit donnernder Brandung begrüßte; irgendwo weit draußen braute sich erneut ein Sturm zusammen.

Die Eisenbirke ist eine der auf Kamtschatka am weitesten verbreiteten Baumarten.

Blick auf Kamtschatkas größten Süßwassersee, den Kronotzkij-See.

Als erste Pflanzen wachsen auf den Schlackenfeldern wieder Zwergweiden, Flechten, Weidenröschen und verschiedene Gräser.

Links
Alle Pflanzenarten, die nur auf Kamtschatka vorkommen, finden sich im Kronotzkij-Park, der zum größten Teil von Eisenbirkenwäldern und dichtem Unterholz bedeckt ist.

Oben
Ein Braunbär auf der Suche nach Beeren.

Folgende Doppelseite
Blick vom Kronotzkij-Park auf den Pazifik.

Das Tal der Geysire

Die Geysire Kamtschatkas wurden im Frühjahr 1941 von einer kleinen Gruppe Geologinnen und Geologen entdeckt, die das bis dahin noch völlig unbekannte Gebiet des Kronotzkij-Parks erforschte. Tatjana Ustinowa, inzwischen promovierte Geologin und Mineralogin, führte die Gruppe an. Ihre Route führte durch ein tiefes, schwer zugängliches Tal auf der tektonischen Verwerfung (siehe oben, „Die geologische Geschichte Kamtschatkas"). Auf den ersten Blick hatte diese verborgene Schlucht nichts Bemerkenswertes an sich: senkrechte Wände mit Geröll in schmalen Rinnen gingen in tiefes Unterholz über, das von kleinen Gräben durchzogen war. Erlen, Sibirische Zwergkiefern, wuchernde Ebereschen und Birken machten auch das Plateau unzugänglich. An dieser Stelle gerieten die Geologen in eine Falle. Je weiter sie ins Tal hinunterstiegen, desto deutlicher wurde, daß sie nicht mehr umkehren und wieder heraussteigen konnten. Erst gegen Abend, als alle von Kopf bis Fuß durchnäßt waren, kamen sie an einen Warmwasserfluß. Vor ihnen stürzte aus der Caldera des Uson-Vulkans der Schumnaja-Fluß in vollem Schwall über eine enge Felsspalte hinab.

Zum Erstaunen der Geologen rumorte es unter ihren Füßen, und aus Richtung des Flusses schoß ein Strahl kochenden Wassers im spitzen Winkel empor. In eine weiße Wolke gehüllt, wuchs diese mächtige Fontäne in die Höhe, fiel wieder ab und verschwand so plötzlich, wie sie gekommen war. Damals wußte man noch nicht viel über Geysire. Dieser als erster entdeckte Geysir Kamtschatkas erhielt den Namen Perwenetz („der Erstgeborene") und der unbekannte warme Fluß, ein Seitenarm des Schumnaja, den Namen Gejsernaja. Seitdem ist das Tal der Geysire systematisch erforscht worden, und heute würde niemand mehr diese fast unwegsame Route nehmen, die zu seiner zufälligen Entdeckung geführt hat.

Links und folgende Doppelseite
Im Kronotzkij-Park findet sich ein einmaliges Naturwunder – das 1941 entdeckte Tal der Geysire. Das Tal weist eine Vielzahl von Thermalphänomenen auf, die alle im Zusammenhang mit allmählich nachlassender Vulkantätigkeit stehen. Im zentralen Thermalfeld finden sich mehrere Geysire (folgende Doppelseite). Auf dem Bild links sind verschiedenfarbige Geyserite zu sehen. Die Farben hängen von den verschiedenen Mikroorganismen ab, die darin leben, außerdem von Temperatur und Mineralgehalt des Wassers.

Die eigentliche Erforschung des Tals begann 1945. Wie sich herausstellte, lag der Perwenetz-Geysir am weitesten flußabwärts. Flußaufwärts fanden die Forscher einen sechs Kilometer langen Streifen mit vielen verschiedenen Thermalerscheinungen, die alle mit der unterirdischen Hitze des Kichpinitsch-Vulkans zusammenhängen. An beiden Ufern des Gejsernaja findet sich eine große Zahl sprudelnder heißer Nebenflüsse. Die unterirdische Hitze erzeugt ein eigenes Mikroklima, das bereits im April die Lichtungen ergrünen, Blumen blühen und die ersten Insekten fliegen läßt. Viele seltene Pflanzen und Gräser gedeihen hier. Bären kommen nach dem Winterschlaf ins Tal, manche durchwandern es nur, andere bleiben mehrere Tage. Ich habe zeitweise bis zu zwölf Bären auf einmal dort gesehen. Ihr Zusammenleben ist nach bestimmten Regeln organisiert. So meiden etwa Muttertiere mit neugeborenen Jungen große Gruppen – ein hungriges Männchen könnte den Jungen gefährlich werden. Zwei- bis dreijährige Bärenjunge halten sich aus demselben Grund von größeren erwachsenen Tieren fern. Kannibalismus ist besonders in den ersten Tagen nach dem Winterschlaf nicht ungewöhnlich.

Im Mai liegt Kamtschatka noch unter einer Schneedecke, doch die Thermalfelder um den Gejsernaja und den Uson-Vulkan sind schon grün. Die Flüsse mit der höchsten Fließgeschwindigkeit, die auch im Winter eisfrei sind, werden nun breiter und tiefer. Enten und Schwäne fliegen in kleinen Scharen hin und her. Im Kronotzkij-Park, in dem das Tal der Geysire liegt, gibt es keine Straßen, nur hier und da einen Pfad. Der Zugang zum Park ist stark beschränkt, die Genehmigung für wissenschaftliche Untersuchungen muß bei der Parkverwaltung eingeholt werden. Expeditionen finden unter ortskundiger Führung zu Pferde statt. Man kann auch mit dem Hubschrauber Gruppen einfliegen, doch lange Schlechtwetterperioden schränken den Luftverkehr stark ein. Gewöhnlich nähert man sich dem Tal der Geysire vom Mündungsgebiet des Semjatschinskij, also von der Küste aus. Die Route führt über mehrere schnellfließende Flüsse ohne Brükken; bei hohem Wasserstand birgt das Durchqueren viele Gefahren. Unter solchen Umständen ist der Zugang zum Tal sehr erschwert.

Der Sacharnyj oder „Zuckergeysir"
(so genannt nach seinem Geyserit,
das die Farbe von gebranntem Zucker
hat) hat sporadische Ausbrüche von
96 Grad heißem Wasser.

Der Perwenetz-Geysir („der Erstgeborene") wurde 1941 als erster von den Geologen um Tatjana Ustinowa entdeckt. Insgesamt gibt es 25 große Geysire im Tal der Geysire.

Oben
Blick ins Tal der Geysire.

Folgende Doppelseite (links)
Ein Schlammkessel im oberen Thermalfeld. Da nur wenig Wasser hineinfließt, trocknet der Schlamm aus und bildet dabei charakteristische Formen.

Folgende Doppelseite (rechts)
Auf Geyseritgebilden siedeln sich verschiedene thermophile Algen und Bakterien an (Vordergrund).

Der Gejsernaja-Fluß entspringt am Fuß des Kichpinitsch-Vulkans, der zuletzt vor etwa zweihundert Jahren ausbrach. Damals bildete sich der Sawitsch-Vulkankegel. Heute weist noch vieles auf unterirdische Aktivität hin. So finden sich überall durch Gasfontänen entstandene Schlote; meistens handelt es sich um Kohlensäure- und Schwefelwasserstoffgas. Auch grüne Arsensulfide finden sich hier. Diese farbenprächtigen hügeligen Felder durchzieht ein Netz von Flüßchen, die den Gejsernaja speisen. In dieser Region, die auch heute kaum besucht wird, entdeckten Wissenschaftler 1975 ein kleines Tal, das später als Tal des Todes bekannt wurde: ein regelrechter Friedhof für Bären, Füchse, Nagetiere, Krähen und kleinere Vögel. Die Tiere waren in windgeschützten Mulden verendet und lagen auf dem Grund tiefer Gräben, denen giftige Gase entstiegen waren. Diese natürliche Verseuchung ist an windstillen Tagen besonders stark und kann auch für Menschen gefährlich sein. Dieser Ort ist sicherlich das makaberste aller Naturwunder im Tal der Geysire.

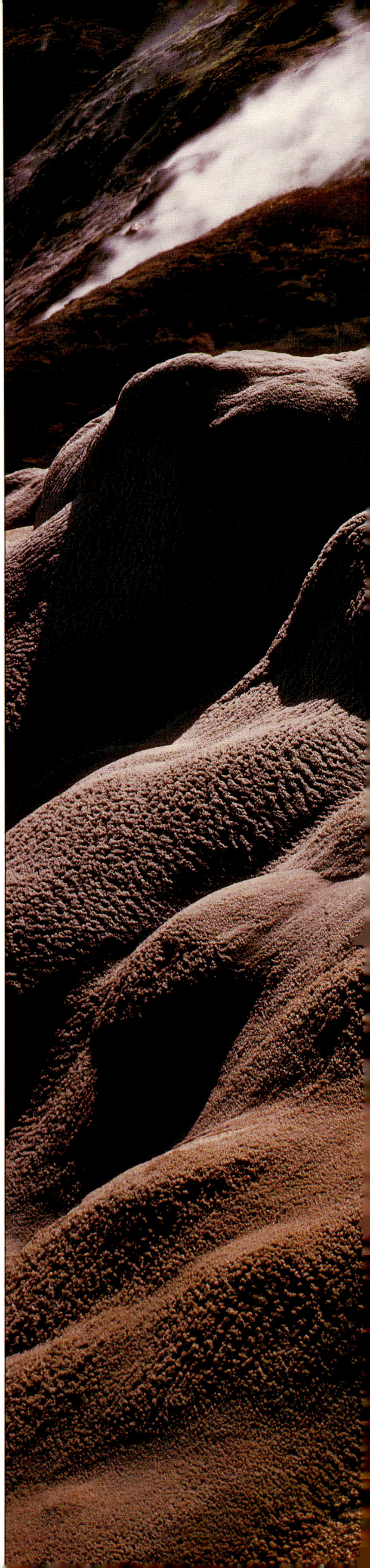

Rechts
Im mittleren, dem aktivsten Teil des Tals finden sich mehrere große Geysire auf engem Raum.

Folgende Doppelseite
Der Malachit-Geysir. Wie die meisten Springquellen endet das ungewöhnliche Gebilde abrupt im warmen Wasser des nahe gelegenen Gejsernaja-Flusses.

Oben
Bei starkem Frost entstehen neben den Geysiren Eisgebilde, die bis zur Frühjahrsschmelze unverändert bleiben.

Rechts
Altes vulkanisches Sedimentgestein aus dem See, das sich am rechten Ufer des Gejsernaja-Flusses auftürmt.

Links
Der Wodopadnyj, ein Nebenfluß des Gejsernaja-Flusses.

Oben
Aus einer Schneedecke lugt ein Bärenlauch (eine wilde Knoblauchart). Schneefälle und erneuter Frost im Frühjahr sind auf Kamtschatka häufig.

Folgende Doppelseite
Winterliche Impression aus der Uson-Caldera.

Die Uson-Caldera

Die Uson-Caldera ist eine Ringstruktur, die in den mehreren hundert Jahrtausenden ihrer Existenz komplexe geologische Wandlungen erfahren hat. Der Krater bildete sich bei der außerordentlich heftigen Eruption eines älteren Schildvulkans, von dem man auf dem Westrand der Caldera noch Spuren erkennt. Darauf folgten Phasen der Seenbildung, von denen Schichten aus Sedimentgestein zeugen. Auch ausgedehnte Perioden der Vereisung haben Spuren hinterlassen, und erst im Laufe der letzten Jahrtausende nahm die Caldera ihre heutige Gestalt an.

Der flache Kraterboden mißt etwa fünfzehn mal siebeneinhalb Kilometer und ist von großen Terrassen eingerahmt, die zweihundert bis neunhundert Meter hoch sind. Auf dem Kraterboden befinden sich Seen, Sümpfe, Bäche und Thermalzonen mit zahlreichen heißen Quellen, aus denen ständig Dampf aufsteigt. Am höchsten ist der äußere Calderaring an seiner Westseite mit dem Baranij (1540 Meter) und dem Krasnyj, dessen Gipfel 1320 Meter über dem Meeresspiegel liegt. Beide sind Überreste des alten Uson-Vulkans. Der Boden der Caldera steigt nach Nordosten hin an, und hier liegt in einem Ring vulkanischer Lockergesteine in sechzig bis siebzig Metern Höhe der Dalneje-See. Dieser Süßwassersee füllt einen bei einer größeren Eruption entstandenen Krater, ist stellenweise 25 Meter tief und führt außerordentlich klares Wasser. Obwohl der See keine Abflüsse hat, leben dort ständig Fische; vielleicht brachten Vögel den Rogen vom drei Kilometer entfernten Schumnaja-Fluß hierher.

Als ich vor einigen Jahren zur Caldera reiste, wählte meine Reisegruppe den wenig benutzten Pfad vom Malyj-Semljatschik-Vulkan. Schon am ersten Tag hatten wir das Wetter gegen uns. Ein leichter Regen fiel, doch hinterließ er keine Spuren. Obwohl wir selbst völlig durchnäßt waren, blieben die Wasserrinnen in der porösen Schlacke trocken. Am nächsten Morgen bewaffneten wir uns mit Töpfen und „sammelten" Wasser, indem wir die Tropfen von den Sträuchern der Sumpfheidelbeere schüttelten. Feiner Nieselregen begleitete unsere Wanderung durch die Schluchten und über die nebelverhangene Tundra, und auch wenn er eine Pause einlegte, hing ein Sprühnebel aus feinen Tröpfchen in der Luft und schlug sich überall nieder. Die Kamtschadalen nennen diesen Zustand extrem hoher Luftfeuchtigkeit *bus* („Perlen"). Schließlich schlugen wir das Zelt für die Nacht auf. Eine Nebeldecke rollte in Wellen heran, und der Regen trommelte aufs Zeltdach. Wir konnten das Lagerfeuer nur mit Mühe in Gang halten, der Rauch wurde in alle Himmelsrichtungen davongeblasen. Wasser drang durch die Nähte und von unten ins Zelt.

Vorhergehende Doppelseite
Ein Sommerbild aus der Uson-Caldera.

Links und folgende Doppelseite
Die Uson-Caldera ist eine einzigartige Naturerscheinung. An ihr kann man die Auswirkungen der Hitze des Magmareservoirs tief im Inneren der Erde studieren.

Schlechtes Wetter auf Kamtschatka ist ein einziger grauer Trübsinn. Auch die niedrigsten Berge verschwinden im Nebel, und von der wunderbaren Landschaft sieht man nichts. Einmal verloren wir bei starkem Nebel unsere Pferde und sahen uns bereits einen großen Haufen durchnäßten Gepäcks in der Tundra zurücklassen, denn wir konnten die Sättel und Rucksäcke nicht selbst schleppen und auch nicht darauf hoffen, sie je wiederzufinden, sollten wir uns dazu entschließen, ohne sie weiterzuwandern. Also machte sich unser Führer auf, um die Pferde im Nebel zu suchen. Die Zeit verstrich langsam, bis plötzlich der Hund aus dem Nebel stürmte, hinter ihm die Pferde und, hoch zu Roß, unser Führer.

Mehrmals sahen wir Bären und Rehe, und einmal kreuzte eine Familie von Schneeschafen unseren Weg. Auch Schneehühner und Hasen bekamen wir häufig zu Gesicht. Obwohl es in dem Dickicht und Nebel so schien, als bewegten wir uns im Kreis, gelangten wir schließlich an den Rand der Caldera. Da hob sich der Nebel wie ein Theatervorhang, und unsere Karawane zeichnete sich als scharfe Silhouette gegen die Kulisse eines dräuenden Himmels und einer blauschwarzen, schneemelierten Felswand ab. Die Sicht, die sich plötzlich vor uns ausbreitete, war so überwältigend, daß wir zuerst unseren Augen nicht trauten. Unter düsterem Himmel hörten wir in der Ferne Schwäne und Seetaucher rufen. Wie um die Ursprünglichkeit dieses Nebellandes zu bezeugen, tapste ein Bär über den weiten smaragdgrünen Sumpf, der von den Zuflüssen der vielen Seen durchzogen ist.

Rechts
Morgendlicher Dunst über den Sümpfen.

Folgende Doppelseite
Herbst in der Uson-Caldera.

Zu Beginn des Frühjahrs, wenn der Boden noch unter einer Schneedecke liegt, begeben sich aus dem Winterschlaf erwachte Bären zu der Caldera. Einzeln oder in kleinen Schwärmen überwintern Strandläufer, Enten und Schwäne auf den warmen Seen, und als wir im Spätsommer eintrafen, empfing uns ein vielstimmiger Chor. Überall waren Bärenfährten. Wir fanden auch die Rastplätze der Bären neben den Schlammkesseln, an denen sie sich offensichtlich wärmen. Weder das sprudelnd kochende Wasser und der Dampf aus den Quellen noch die Schwefelwasserstoffgase können sie abschrecken. Bären sind kluge Tiere, und wir folgten vertrauensvoll ihren Spuren, auch dort, wo es gefährlich schien.

Die Caldera führt ein Eigenleben und hat ein eigenes Mikroklima. Auch im Winter gibt es in ihr grüne Oasen. Die warme Luft hebt die Wolkendecke an, auch wenn der Rand im Dunst bleierner Gewitterwolken liegt. Wir wateten mit unseren schon völlig durchnäßten Stiefeln durch warme Kanäle wie durch eisiges Quellwasser. Wir beschlossen, unser Lager zwischen den Birken an einem warmen See aufzuschlagen, und bald stieg zwischen den weißen Dampfsäulen eine blaue Rauchfahne empor. Von ihrer Last befreit, wälzten sich die Pferde schnaubend im Gras. Wir packten den nassen Proviant und die Ausrüstung aus und schlugen unsere Zelte auf. Das war mein erster Besuch der Caldera vor ein paar Jahren. Obwohl Touristenbesuche nach wie vor stark eingeschränkt sind, steht jetzt ein kleines Blockhaus in der Caldera für alle, die im Reservat arbeiten, bescheiden zwar, doch mit Thermaldampf beheizt.

Vorhergehende Doppelseite
Die Uson-Caldera hat aufgrund des erwärmten Bodens, der heißen Quellen und deren Umfeld ein eigenes Mikroklima.

Rechts
Ein Schlammkessel mit charakteristischen trockenen Schlammformationen.

Folgende Doppelseite
Die schlammigen Ufer der Caldera sind mit kleinen Ansammlungen von Eisen- und Weißbirken bewachsen.

Solche knorrigen, verkrüppelten Eisenbirken sind typisch für die Uson-Caldera. Die starken Schneefälle verhindern, daß die Büsche und Bäume sich frei entwickeln.

Vulkanische Aktivität erstreckt sich oft über Jahrtausende; ein Vulkan kann jahrelang ruhen, bevor er plötzlich erneut ausbricht. Irgendwann hören die Eruptionen dann ganz auf, aber in den Tiefen eines Vulkansystems können heiße Magmaherde viele tausend Jahre existieren. Sie erhitzen das Gestein über ihnen, und einsickerndes Wasser wird heiß, reichert sich mit Gasen an und tritt wieder an die Oberfläche. Das Sickerwasser an der Oberfläche folgt den tektonischen Rissen, die in Zonen vulkanischer Tätigkeit zu finden sind.

Kamtschatka besitzt einzigartige Heißwasserreservoirs, die in Konzentration und Menge variieren. Die Untersuchung der heißen Lösungen, die aus der Tiefe herausschießen, gibt wertvolle Hinweise auf die Bedingungen, unter denen sich Minerallager bilden. In der Uson-Caldera konzentrieren sich die heißen Quellen in einem Gebiet von 61 000 Quadratmetern. Es handelt sich dabei um große und kleine Seen und Quellen mit hohen Konzentrationen von Bor, Silizium und Ammoniak, die sich typischerweise in kochender Lösung finden. Außerdem entdeckte man in der Thermalzone fünfzehn Quellen mit Methylnaphthalin-Öl.

Diese Thermalzone existiert seit vielen Jahrtausenden. Die heißen Quellen sind reich an Mineralien und von ganz unterschiedlicher Temperatur. Mit ihrem Dampf, den Gasen und den spezifischen Umwandlungen, die jene beim Gestein bewirken, haben sie die Evolution von Beziehungen, Kombinationen und Entwicklungen tierischen und pflanzlichen Lebens in Gang gesetzt, wie sie sonst nirgends auf der Welt vorkommen. Diese Biotope sind für Wissenschaftler vieler Fachrichtungen interessant. Da sie heute aufgrund von Umweltschäden stark gefährdet sind, gilt es, sie mit größter Sorgfalt zu schützen und zu erhalten.

Links und folgende Doppelseite
Je nach Temperatur siedeln sich in den heißen Quellen unterschiedliche Arten von Algen an. Blaugrüne Algen etwa leben in bis zu 60 Grad Celsius heißem Wasser, andere sind an Temperaturen von bis zu 96 Grad gewöhnt. Sie bilden in der Umgebung der Thermalschlote weiße Säulen.

Vorhergehende Doppelseite
Die in den heißen Quellen vorkommenden chemischen Substanzen sind sehr vielfältig und treten in unterschiedlich starken Konzentrationen auf. Verdunstung hinterläßt Kristalle und farbenprächtige amorphe Ablagerungen auf dem Lehm. Mit Schwefelwasserstoff gefüllte Blasen schwimmen auf dem Wasser und bilden einen Schwefelfilm.

Oben
Auf ausgetrocknetem Lehm haben sich Salze abgelagert.

Rechts
Ein Schlammkessel, aus dem aus großer Tiefe heiße Gase aufsteigen, die im feinen Lehm immer neue wunderschöne Muster entstehen lassen.

Nur am Sandstrand der Küste findet man das Strandblauglöckchen Mertensia maritima. Canon T90, 80-200 mm L, Velvia

das Abendessen serviert. Ein Ei, zwei Stücke trockenes Brot und eine Tasse schwarzer Tee. Wer Kamtschatka besucht, sollte keine großen Ansprüche stellen. Um 7.30 Uhr sind wir in Moskau gestartet. Nach 9 1/4 Stunden Flugzeit, mit neun Stunden Zeitverschiebung, landen wir um 0.45 Uhr Ortszeit in Petropawlowsk. Mit viel Mühe und Geschick verstauen wir unsere umfangreiche Ausrüstung in den viel zu kleinen Geländewagen, der uns für die nächsten drei Wochen zur Verfügung steht, und fahren in unsere Unterkunft.

Die Küste

Um einen ersten Eindruck über die Vogelwelt zu bekommen, unternehmen wir einen kurzen Ausflug an die Ostküste südlich von Petropawlowsk. Wir fahren durch ein großes landwirtschaftlich genutztes Gebiet bis an die Küste. Die Landschaft ist durch großflächige Birkenbestände mit Tümpeln und kleinen Seen geprägt. Einige Ammerarten wie die Waldammer *Emberiza rustica* und die Weidenammer *Emberiza aureola*, Nordischer Laubsänger *Phylloscopus borealis*, Bekassinen und einige Möwenarten sind die auffälligsten Vogelarten in diesem Gebiet. Hier trifft man auch wieder die Rabenkrähe *Corvus corone corone* an, die von Ostdeutschland bis zum Uralgebirge von der Nebelkrähe *Corvus corone cornix* vertreten wird.
Ein viertägiger Ausflug an die Westküste nach Oktyabr'skiy an der Mündung des Bolshaya-Flusses ermöglicht uns eine weitere gute Gelegenheit, die Tierwelt Kamtschatkas kennenzulernen. Einige hundert Seehunde liegen am steinigen Strand und auf den vorgelagerten Sandbänken. Es handelt sich hierbei um den Largha-Seehund *Phoca vitulina largha*, eine Unterart des im gesamten Nordatlantik und Nordpazifik vorkommenden Gemeinen Seehundes *Phoca vitulina*. Sie bevorzugen hier den Mündungsbereich des Bolshoya und ziehen oft weite Strecken flußaufwärts. Als wir uns den am Ufer liegenden Robben mit einem Boot nähern, gleiten sie nach und nach ins Wasser. Wir lassen uns an Land setzen und robben die letzten 100 m auf dem Bauch bis zu ihrem Rastplatz. Aus großer Entfernung werden wir von den Robben beobachtet. Langsam kommen sie immer näher. Nach einer halben Stunde gehen die ersten Tiere in respektvollem Abstand an Land. Nach und nach werden sie jedoch zutraulicher, und nach einer Stunde liegen einige Tiere nur wenige Meter vor uns. Wir können Portrait-Aufnahmen mit dem 80-200 mm Objektiv machen. Nach vier Stunden sind die Filme voll. Mit steifen Nacken robben wir zu unserem Ausgangspunkt zurück.
Am Strand beobachten wir neben einigen Möwenarten kleine Trupps Alpenstrandläufer *Calidris alpina*, Mongolenregenpfeifer *Charadrius mongolus*, Löffelstrandläufer *Eurynorhynchos pygmaeus*, Rotkehlstrandläufer *Calidris ruficollis* und Regenbrachvögel *Numenius phaeopus*. Schmarotzerraubmöwen *Stercorarius parasiticus*, Falkenraubmöwen *Stercorarius longicaudus* und Kolkraben *Corvus corax* fliegen über dem Meer. Auf den höhergelegenen Abschnitten des Strandes gibt es mehrere Brutkolonien der Flußseeschwalbe *Sterna hirundo*, der Küstenseeschwalbe *Sterna paradisaea* und der Aleutenseeschwalbe *Sterna aleutica*. Zu der typischen Strandflora zählen das Strandblauglöckchen *Mertensia maritima*, Kreuzkraut *Senecia pseudoarnica*, Arktischer Meersenf *Cakile arctica* und Salzmiere *Honckenya spec.*.

Entlang der Flüsse

Der lachsreiche Plotnikova, der zweitgrößte Fluß Kamtschatkas, ist Lebensraum für mehrere Paare des Fischadlers *Pan-*

Im Gebirge oberhalb der Baumgrenze wachsen große Bestände des Kamtschatka-Rhododendrons. Canon T90, 80-200 mm L, Velvia

dion haliaetus und des Riesenseeadlers *Haliaeetus pelagicus.* Mit einer Spannweite von etwa 2,80 m ist er noch etwas größer als der europäische Seeadler *Haliaeetus albicilla,* und mit seinem gewaltigen gelben Schnabel zählt er wohl zu den eindrucksvollsten Greifvögeln der Welt. Jetzt, Ende Juli, ist der Jungadler im Horst fast flügge. Oft steht er am Rand des Nestes und trainiert seine Flugmuskulatur. Die Altvögel kommen nur noch selten und für kurze Zeit zum Horst. Ein- bis zweimal am Tag bringen sie ihrem Jungen einen Fisch. Nach wenigen Minuten streichen sie wieder ab, um erneut auf Beutefang zu gehen. Die Gesamtpopulation des Riesenseeadlers für Kamtschatka beträgt ca. 500 Brutpaare und rund 2000 nichtbrütende Jungtiere.

Sturmmöwen *Larus canus,* Lachmöwen *Larus ridibundus* und Kamtschatkamöwen *Larus schistisagus* fliegen im niedrigen Suchflug den Fluß entlang. Flußseeschwalben *Sterna hirundo* und Küstenseeschwalben *Sterna paradisaea* stürzen sich auf der Jagd nach kleinen Fischen ins Wasser. Die Brutkolonien der Seeschwalben liegen auf den zahlreichen Kiesbänken im Fluß. Im flachen Wasser am Ufer des Flusses suchen Graubürzel-Wasserläufer *Tringa brevipes* und Grünschenkel *Tringa nebularia* nach Würmern und Larven. Hastig fliegen Schafstelzen *Motacilla flava* und die der Trauerbachstelze *Motacilla alba yarrellii* ähnlichen Kamtschatka-Bachstelze *M.a. lugens* von Stein zu Stein und sammeln kleine Insekten. In den angrenzenden Wäldern findet man u.a. die Weidenammer *Emberiza aureola,* die Waldammer *E. rustica,* Zwergschnäpper *Ficedula parva,* Fleckenschnäpper *Muscicapa griseisticta,* Rubinkehlchen *Luscinia calliope* und den Tannenhöher *Nucifraga caryocatactes.*

Die Tundra

Daß Geduld und starke Nerven die ersten Tugenden eines Fotografen sind, muß man in Kamtschatka häufig beweisen, nicht nur beim oft stundenlangen Ansitz im Versteck. Organisatorische Mängel und die für uns Westeuropäer unbegreifliche Gelassenheit einiger Verantwortlichen verzögerten unseren sehnsüchtig erwarteten Flug in die Kambalnaja-Bucht nahe der Südspitze Kamtschatkas um drei Tage. So war es dann auch nicht weiter verwunderlich, daß wir sogar wieder aus einem Hubschrauber, der bereits auf der Startbahn stand, aussteigen mußten, um für eine japanische Reisegruppe Platz zu machen. Mit immer neuen Entschuldigungen wurden wir von Tag zu Tag vertröstet.

Das Funkgerät in einem von zehn Männern bewohnten Fischercamp war in der Kambalnaja-Bucht unsere einzige Verbindung zur Außenwelt. Der Hubschrauber setzte uns bei einer verfallenen Hütte, 2 km vom Camp entfernt, ab. Hier sollte er uns nach einer Woche auch wieder abholen. Mit den Erfahrungen, die wir in den letzten Tagen gemacht hatten, war uns aber nicht sehr wohl zumute, zumal unser Begleiter auch gleich zu berichten wußte, daß wetterbedingte Verzögerungen von 5-8 Tagen nicht selten sind. Ein kräftiger Begrüßungstee und die durchdringenden Rufe einiger Sterntaucher ließen unsere Skepsis aber rasch verfliegen.

Wanderungen durch die Tundra sind sehr beschwerlich. Mit dem schweren Fotorucksack auf dem Rücken sackt man oft bis zu den Knien in den sumpfigen Boden ein. Bei windstillem Wetter treiben einen die vielen Mücken fast in den Wahnsinn. Zum Glück weht vom Meer aus meistens ein kräftiger Wind. Auf den zahlreichen kleinen Tundraseen brüten mehrere Entenarten, Odinshühnchen *Phalaropus lobatus,* Sterntaucher *Gavia stellata* und Ohrentaucher *Podiceps auritus.* Jetzt, Anfang August, führen die meisten Enten und Taucher ihre Jungen. In einer verlassenen Fischerhütte füttert eine Rauch-

In der Ufervegetation krautreicher Süßwasserseen brütet der Ohrentaucher. Canon F1, Telyt 560 mm, K64

schwalbe *Hirundo rustica* ihren Nachwuchs.

Das Gebiet am Kambalnaja-Fluß gilt als eines der dichtbesiedeltsten Bärengebiete der Welt. Die Tundrenvegetation mit beerentragenden Zwergsträuchern, vielen kleinen und größeren Seen und dem Fluß Kambalnaja, in dem zu dieser Jahreszeit eine imposante Lachswanderung stattfindet, sind ideale Lebensbedingungen für den Kamtschatkabären *Ursus arctos beringianus*, einer Unterart des Braunbären. Mühelos fangen sie die erschöpften Lachse aus dem flachen Wasser. Aus unserer Hütte, direkt am Fluß, lassen sich die sonst recht scheuen Bären gut beobachten. Täglich streifen mehrere von ihnen den Fluß entlang. Bei unseren ausgedehnten Exkursionen stoßen wir immer wieder auf ihre Fährten und Lager. Die Begegnung mit einem aufgeschreckten Bären in der offenen Tundra kann tödliche Folgen haben. Aus diesem Grund ist es ratsam, besonders in den hügeligen Dünen an der Küste, viel Lärm zu machen. Ein rechtzeitig aufmerksam gewordener Bär meidet die Begegnung mit Menschen und sucht lieber das Weite. Leider hat man auch in Kamtschatka den Jagdtourismus als lukrative Devisenquelle erkannt. Die ersten Camps für die gut betuchten Bärenjäger aus aller Welt sind kurz vor der Fertigstellung.

Die Küstenseeschwalbe ist eine der drei Seeschwalbenarten Kamtschatkas. Daneben brüten noch die Fluß- und die Aleutenseeschwalbe. Canon F1, Telyt 560 mm, Velvia

Die Ausrüstung

Kamtschatka ist wie ganz Sibirien nur sehr dünn besiedelt. Viele interessante Gebiete erreicht man erst nach stundenlangen Autofahrten. Andere Gebiete sind wiederum nur mit dem Hubschrauber zu erreichen. Eine vergessene Batterie kann dann schon zum Totalausfall der gesamten Fotoausrüstung führen. Vor jeder Reiseetappe sollte also unbedingt die gesamte Ausrüstung peinlichst genau auf Vollzähligkeit und Funktion überprüft werden. Hierbei ist eine sorgfältig ausgearbeitete Checkliste sehr hilfreich. Filme oder auch Batterien sind nirgendwo zu bekommen, also alles in großzügiger Menge mitbringen. Geeignete Regenkleidung sollte immer im Rucksack sein, und für Wanderungen durch die Tundra sind beinlange Gummistiefel empfehlenswert. Gegen die vielen Mücken hilft oft nicht einmal ein noch so gutes Mückenmittel. Ein Mückennetz über den Kopf gezogen ist wohl die beste Lösung. Im Versteckzelt haben sich Antimückenspiralen gut bewährt. Die beste Reisezeit für Vogelbeobachtungen ist wohl von Mitte Juni bis Ende Juli.

Der Riesenseeadler ist mit einer Spannweite von 2,80 m der größte der neun Seeadlerarten. Er brütet bevorzugt an der Küste und entlang großer Flüsse. ▷ Canon F1, Telyt 560 mm, Velvia

Organisation

Reisen in Kamtschatka ist nicht einfach. Obwohl vom Reiseveranstalter alles vorbereitet wird, treten immer wieder Probleme auf. Die Versorgung mit Treibstoff für das Auto, und selbst für Hubschrauber und Flugzeuge, ist oft mit Schwierigkeiten verbunden. Während unseres Aufenthaltes wurden z.B. acht von zehn Flügen nach Moskau wegen Treibstoffmangels ersatzlos gestrichen. Reisen auf eigene Faust sind zum jetzigen Zeitpunkt fast unmöglich. Eine organisierte Gruppenreise ist in jedem Fall zu empfehlen. Einige Reiseveranstalter bieten Reisen nach Sibirien schon für Gruppen ab sechs Personen an. Die Bearbeitung der Visa-Formalitäten sollte ebenfalls dem Reiseveranstalter überlassen werden. Adressen von Reiseveranstaltern können beim Autor erfragt werden. Und zum Schluß der wichtigste Tip: Nehmen Sie eine große Portion Geduld und Gelassenheit mit nach Sibirien. □

Das Wasser des „Sauren Sees" im Krater des Maly-Semyachik-Vulkans ist bis zu 60° C heiß. Canon T90, 80-200 mm L, K 64

Im Ochotskischen Meer leben ca. 200 000 Largha-Robben. Sie gelten als eine Unterart des Seehunds. ▷ Canon T90, 80-200 mm L, Velvia

DIE WATTENMEERKÜSTE

Lebensbilder einer einzigartigen Naturlandschaft

INGO ARNDT

Seit Tagen ziehen dunkle Regenwolken am Himmel vorüber. Von Westen kommend weht ein eisiger Wind, Hagelkörner fliegen durch das halb geöffnete Seitenfenster meines Wagens und wecken in mir Gedanken an eine wärmende Tasse Kaffee. Doch beim Blick durch den Sucher der Kamera beschließe ich noch etwas zu warten, denn nur 40 Meter vor meinem Auto äsen etwa 3000 Ringelgänse. Ständig kommen von anderen Schwärmen einige hundert hinzugeflogen, und nach Stunden des Wartens bricht die Sonne doch noch durch die graue Wolkendecke. Eine Möglichkeit für Ringelgansaufnahmen, wie man sie nur selten bekommt.

Solche oder ähnliche Momente erlebt der Naturfotograf nur noch selten, doch an der Wattenmeerküste gibt es auch heute noch viel zu entdecken. Sie erstreckt sich auf einer Länge von 450 Kilometern vom Niederländischen Den Helder über die Deutsche Bucht bis nach Esbjerg in Dänemark und ist eine der letzten, vom Menschen noch weniger deformierten Naturlandschaften Europas. In den Gezeitenzonen zwischen Vordeichsland und den Salzwiesen der Inseln existiert, im Schlamm verborgen, millionenfaches Leben. Extreme Lebensbedingungen, durch Temperaturschwankungen und Salzgehalt verursacht, sind dafür verantwortlich, daß das Watt im Vergleich zu anderen Meeresteilen relativ artenarm ist. Nur einige speziell angepaßte Arten kommen hier zurecht. Diese gibt es aber in solch großen Massen, daß man von einem dicht besiedelten Lebensraum sprechen kann. Im Sommer beispielsweise, zur Blütezeit der Kieselalgen, können Millionen von ihnen auf einem Quadratzentimeter Wattboden siedeln.

Neben den Kieselalgen ist die Wattoberfläche noch von Geiselalgen und Blaualgen besiedelt. Von den etwa einen Zentimeter langen Schlickkrebsen kann man auf einem Quadratmeter bis zu vierzigtausend finden, und auf derselben Fläche können bis zu fünfzig Wattwürmer leben, die mit ihren Kothaufen auch die auffälligsten Tierspuren im Watt hinterlassen.

Die vielen Kleinstlebewesen im Watt bieten unzähligen Vögeln einen reich gedeckten Tisch. Ob Brutvögel von den Salzwiesen und Dünen, Durchzügler auf ihrem Frühjahrs- oder Herbstzug, alle finden genug Nahrung. Die Vögel im Wattenmeer haben sich den Gezeiten angepaßt. Sobald die ersten Wattflächen freifallen, ziehen sie von den Rast- oder Brutplätzen kommend hinaus und suchen den Schlick nach Kleintieren ab. Die Fülle der dort lebenden wirbellosen Tiere vermag auch die hungrigsten Vögel zu sättigen. Kaum zu glauben, wenn man sieht, welche Massen herbeifliegen.

Alpenstrandläufer, Knutts, Uferschnepfen, verschiedene Möwenarten, Brandgänse, Austernfischer und viele mehr finden hier Nahrung. Sobald mit auflaufender Flut das Wasser ansteigt, werden die Nahrungsgäste immer mehr Richtung Küste gedrängt, bevor sie in großen Trupps das Watt verlassen.

Jetzt bieten sich dem Naturfotografen beste Möglichkeiten für Vogelaufnahmen. Plaziert man sein Tarnzelt an eine Stelle, die von den Vögeln zur Rast auf dem nahen Festland aufgesucht wird, landen mitunter große Schwärme direkt vor dem Versteck. Eine andere gute Möglichkeit ist das Fotografieren aus dem Autofenster. Besonders an den Rändern von Schutzgebieten präsentieren sich einige Vogelarten nahe am Straßenrand und lassen

Austernfischer mit Jungvogel ▷
Minolta X-700, 150-500 mm, Fujichrome RF 50

Lachmöwe ruft im abendlichen Gegenlicht Minolta X-700, 150-500 mm, Fujichrome RF 50

Graugansfamilie ▷
Minolta X-700, 150-500 mm, K 64

Auf der ostsibirischen Halbinsel Kamtschatka

HEINZ NIENHAUS

Das „Tal der Geysire" im Kronotsky Schutzgebiet wurde erst 1941 entdeckt. Canon T90, 35-70 mm, Velvia

Das Land

Seit acht Stunden sitzen wir im Flugzeug. Seit acht Stunden sehen wir nichts als Wildnis. Unter uns erstreckt sich die unvorstellbare Weite Sibiriens. 13 Millionen km^2, etwa die Hälfte der ehemaligen Sowjetunion und ca. 1/3 des asiatischen Festlandes, werden von Sibirien bedeckt. Hier leben rund 25 Millionen Einwohner, was etwa 9% der Gesamtbevölkerung entspricht. Die sibirische Landschaft gliedert sich von Westen nach Osten in drei Großlandschaften. Das Westsibirische Tiefland erstreckt sich vom Uralgebirge bis zum Jenissei. Das Mittelsibirische Bergland mit Erhebungen bis zu 2000 m und der Taimyr-Halbinsel reicht vom Jenissei bis zur Lena. Schließlich noch das Ostsibirische Bergland von der Lena bis an die Pazifikküste. An die baumlose Tundra im Norden, mit Moosen, Flechten und beerentragenden Zwergsträuchern, schließt sich im Süden die Taiga, der sibirische Nadelwald, an.

Unser Ziel ist die ostsibirische Halbinsel Kamtschatka. Sie trennt das Ochotskische Meer vom Bering-Meer. Mit einer Länge von 1200 km und einer Fläche von 264 000 km^2 ist diese Halbinsel um 20% größer als England. Ihre Hauptstadt Petropawlowsk hat 280 000 Einwohner. Sie liegt auf dem 52. Breitengrad, also nicht nördlicher als Hannover. Bis zum Zerfall der Sowjetunion 1991 war Kamtschatka militärisches Sperrgebiet und somit für Touristen nicht zugänglich.

Zwei langgestreckte Inselgruppen schließen sich an Kamtschatka an. Im Süden die Inselgruppe der Kurilen, im Osten die Inselgruppe der Aleuten. Die geographische Lage Kamtschatkas am nordwestlichen Rand der pazifischen Kontinentalplatte erklärt die große Anzahl von Vulkanen. Mehr als 120 Vulkane gibt es hier. 30 sind noch aktiv. Der höchste von ihnen ist der in Zentralkamtschatka gelegene Kljutschewskaja Sopka, 4850 m hoch. Geothermalgebiete mit Heißwasser- und Heißdampfquellen, brodelnden Schlammtöpfen und Geysiren, zeugen von dem noch immer aktiven Vulkanismus. Sehr interessant ist das „Tal der Geysire" am südlichen Rand des Kronotsky-Reservates. Erst 1941 wurde dieses Tal entdeckt. Heute ist es eine der touristischen Attraktionen. Der Besuch dieses Tales ist jedoch nur mit einem Hubschrauber möglich.

Subpolarer Laubwald mit Erman-Birken und Kamtschatka-Erle sowie Gebirgswald mit Krüppelkieferbeständen herrschen auf der Halbinsel vor. Entlang der Westküste erstreckt sich ein schmaler Tundrengürtel von Norden nach Süden. Hier münden auch die großen Flüsse, mit Ausnahme des größten, des Kamtschatka-Flusses, in das Ochotskische Meer.

Jetzt, eine Stunde vor der Landung in Petropawlowsk-Kamtschatskij, wird uns

Der Vulkan Vilyuchinskiy (2173 m) ▷
Canon T90, 35-70 mm, Velvia

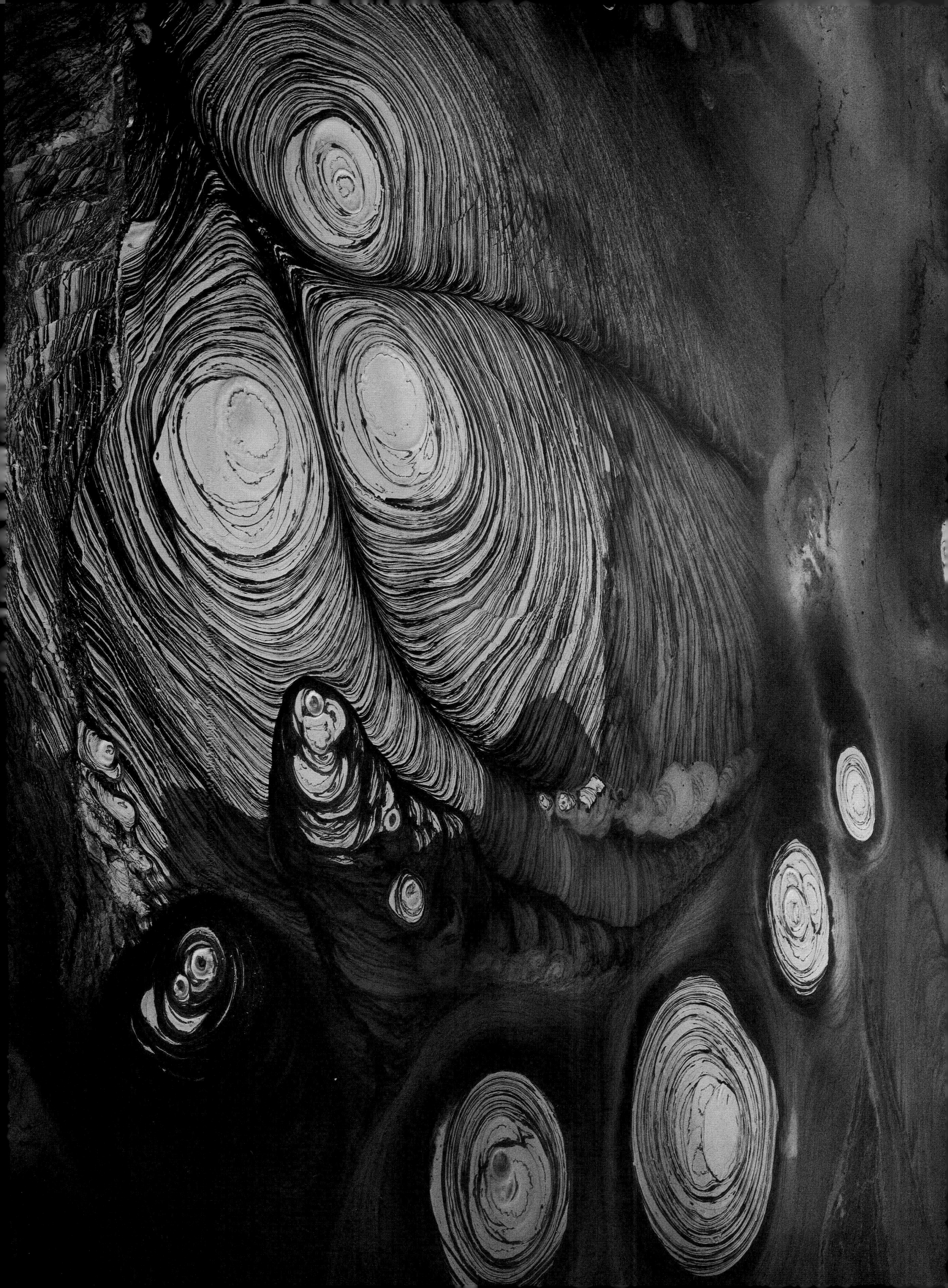

Oben und rechts
Bären leben überall auf der Halbinsel; die Aufnahme oben entstand in der Uson-Caldera. Beeren und eßbare Pflanzen im Überfluß ziehen auch viele Vögel und andere Tiere an, darunter Rebhühner und verschiedene Strandläuferarten. Im Frühling ruhen sich Enten und Schwäne auf ihren Winterwanderungen hier aus.

Folgende Doppelseite
Die Uson-Caldera im Herbst.

Links
Die unterirdische Hitze erwärmt das frei liegende Gestein. Wasser sickert tief ins Innere der Erde und absorbiert dabei aus dem Magma verschiedene chemische Substanzen und Gase. Auf der Erdoberfläche bildet sich dann eine Landschaft aus heißen Seen, Quellen und kochenden Schlammkesseln.

Oben
Überall trifft man auf Bärenfährten – sogar im heißen Schlamm.

Oben und rechts
Die Flora Kamtschatkas umfaßt auch eine Reihe von exotischen Lilienarten, darunter auch Tigerlilien (Bild).

Folgende Doppelseite
Blick auf den Pazifik Richtung Csten.

Die Kommandeurinseln

Die Kamtschadalen glaubten einst, östlich der Mündung des Kamtschatka-Flusses im Ozean ein Land lokalisieren zu können. Was sie sahen, war in Wirklichkeit eine dunkle Wolkenmasse über den 185 Kilometer entfernten Kommandeurinseln. Die Ureinwohner fühlten sich nicht bemüßigt, eine gefahrenvolle Entdeckungsreise dorthin zu unternehmen; der Stille Ozean ist selten still, und mit der Seetüchtigkeit ihrer Fischerboote war es nicht weit her. So blieben die Inseln unentdeckt, bis die „St. Peter", ein Schiff der sogenannten Zweiten Kamtschatka-Expedition, auf ihnen landete und deren Mannschaft, die sich auf Kamtschatka wähnte, Schlimmes durchmachte.

Am 29. Mai 1741 brachen zwei Schiffe, die „St. Peter" und die „St. Paul", zur Küste Nordamerikas auf. Die Erste Kamtschatka-Expedition war in erster Linie eine Entdeckungsreise gewesen. Das Ziel der Zweiten war weiter gesteckt: der ganze nordische Seeweg sollte kartographiert und Sibirien von Nord nach Süd erforscht werden, wobei man möglichst weit nach Osten vordringen wollte. An der Expedition nahmen Zoologen, Botaniker, Geologen und Völkerkundler teil, und auch der berühmte deutsche Naturforscher Georg Wilhelm Steller war dabei. Des weiteren waren die Eroberung von Küstenregionen und der Aufbau wirtschaftlicher und politischer Beziehungen zu fremden Ländern geplant.

Der Leiter der Expedition, Vitus Bering, navigierte nach alten Karten, auf denen ein Land namens Juan-de-Gama-Land eingezeichnet war. Nach diesem, wie sich dann herausstellte, nicht existierenden Land suchte die erschöpfte Mannschaft bei stürmischem Wetter und verschwendete so kostbare Zeit und Vorräte. Schließlich bestand kein Zweifel mehr daran, daß die Karten nicht stimmten, und nun nahmen die „St. Peter" und die „St. Paul" Kurs auf die Inselgruppe der Aleuten und von dort aus nach Osten. In den Stürmen kamen sie voneinander ab, erreichten aber im Juli 1741 einzeln die amerikanische Küste.

Die Rückreise verlief tragisch, da die „St. Peter" dabei starken Schaden nahm und daher kaum zu steuern war. Sven Vahsel, einer der Teilnehmer der Expedition, schrieb in sein Tagebuch: „Unser Schiff trieb dahin wie ein Stück Holz, praktisch ohne Steuer, der Gnade von Wind und Wellen ausgesetzt." Am 4. November sichteten die Seeleute eine unbekannte Steilküste, die sie für Kamtschatka hielten. Als sie versuchten, Anker zu werfen, zerrissen Wellen und Wind die morschen Taue, doch dann geriet das Schiff irgendwie in die Nähe einer Felsenbank vor der Küste und in ruhigere Gewässer. Der erschöpften Mannschaft, die an Skorbut litt, gelang es nur mit äußerster Anstrengung, zu landen und ihre toten und schwerkranken Kameraden von Bord zu schaffen. 28 Seeleute begruben sie auf der unbewohnt wirkenden Insel. Am 8. Dezember starb Vitus Bering. Die Insel, auf der seine Reise endete, trägt seinen Namen. Die restliche Mannschaft überwinterte auf ihr und baute sich dann aus dem Wrack des ersten Schiffs ein kleines Fahrzeug, mit dem sie im August 1742 die Küste Kamtschatkas erreichte.

Die Insel Mednyj Ostrow. Die Felsspitzen sind alles, was von den Vulkanen übriggeblieben ist, die Wind und Wasser in Jahrtausenden abgetragen haben.

Ihre markante Silhouette verdanken die Kommandeurinseln den Überresten alter Vulkane, die den gewaltigen Kräften des Meeres zum Opfer gefallen sind.

Damit war die Zweite Kamtschatka-Expedition praktisch beendet, offiziell war sie am 20. September 1742 zu Ende. Trotz aller erlittenen Mühsal gelang es den Expeditionsteilnehmern, die gesamte Nordküste Rußlands und die Becken aller großen Flüsse und Seen zu kartographieren, die ganze östliche Küstenlinie von der Tschukotsk-Halbinsel bis zur Mündung des Amur topographisch zu erfassen, die Kurilen und die Aleuten zu erforschen und die Küsten Alaskas und Japans zu erreichen. Die wissenschaftliche Forschungsarbeit der Botaniker, Zoologen und Völkerkundler hat bis heute nichts von ihrer Bedeutung eingebüßt.

Die Kommandeurinseln bilden einen kleinen Archipel, der aus zwei größeren Inseln, der Beringinsel und der Mednyj Ostrow, sowie mehreren wesentlich kleineren Inseln besteht. Diese sind auf dem Gebiet eines tektonischen Bruchs infolge von Unterwassereruptionen und einer nachfolgenden Anhebung des Meeresbodens entstanden. Zeugnis für den vulkanischen Ursprung der Inseln legt die rundliche Kissenlava ab, die sie prägt. Vor der Mednyj Ostrow befindet sich in der Gladkow- und in der Schinow-Bucht je ein signifikanter untermeerischer Lavaausfluß. Bei späteren Ausbrüchen entstandene Gesteinsschichten bilden die krustenartige Oberfläche der Insel; sie sind an den Felsvorsprüngen der Küste zu erkennen. Häufige Erdbeben und das ständige Ansteigen des Meeresspiegels der Inseln sind weitere Hinweise auf eine unverminderte Vulkantätigkeit in dieser Region.

Die Teilnehmer der Bering-Expedition fanden auf den Inseln Vögel und Säugetiere vor, von deren Existenz sie nichts gewußt hatten. An sie erinnern heute nur noch Stellers Zeichnungen, ein paar Knochen und einige Ortsnamen, zum Beispiel Kap Manati. Die großen, sanften Manatis wurden als „Stellers Seekühe" bekannt. Steller bekam diese sogenannten Rundschwanzseekühe als erster Naturforscher zu Gesicht. Er fertigte detailgenaue Zeichnungen von ihnen an und hielt seine Beobachtungen auch schriftlich fest: Sie seien acht bis zehn Meter groß und sähen bis zur Körpermitte wie Robben und von dort bis zum Schwanz wie Fische aus. Der Kopf gleiche einem Pferdeschädel, die Lippen denen eines Büffels. Die wimpernlosen Augen dieses riesigen Tiers seien nicht größer als bei einem Schaf, die Ohrlöcher klein und unscheinbar. Die Manatis kennen laut Steller keine Scheu vor Menschen. Sie leben in Herden zusammen und legen ein ausgeprägtes Sozialverhalten an den Tag. Steller erlebte einmal, wie sie einem von einer Harpune getroffenen Artgenossen sofort zu Hilfe eilten: Sie bildeten einen Kreis um das Tier und führten es landeinwärts, während andere versuchten, das Boot der Angreifer umzukippen, und sich auf die Leine legten, um so die Harpune aus dem Körper des verletzten Tiers herauszuziehen. Verwundert beobachteten

Auf der Beringinsel. Im Inneren sind die Kommandeurinseln von gebirgiger Tundralandschaft geprägt, die von Frühsommer bis Spätherbst grünt und blüht. Über vierzig Pilzarten wachsen hier in rauhen Mengen.

Die Kommandeurinseln gehören zu den Gebieten auf der Welt, wo Robben am ungestörtesten leben können. Nachdem die unbeschränkte Bejagung der Tiere zu Beginn unseres Jahrhunderts fast zur Ausrottung vieler Arten geführt hat, nimmt ihre Zahl mittlerweile aufgrund von Naturschutzmaßnahmen auf den Inseln wieder zu...

... Derzeit leben auf den Kommandeurinseln rund 300 000 Robben. Auch der als Pelzlieferant besonders begehrte Seeotter ist streng geschützt. Die Beringinsel ist heute die Heimat von 1800 und die Mednyj Ostrow von etwa 2500 Tierarten.

Nicht weit von der Beringinsel entfernt liegt der Ari-Fels, ein felsiges Eiland, das sich durch seine dichte Vogelpopulation auszeichnet. Am häufigsten sind hier Lummen (Bild), Möwen und Papageientaucher.

Lummenkolonien bevölkern die ausgeblichenen verwitterten Felsen hoch über dem Meer.

Steller und seine Kameraden, wie der Bulle sich zwei Tage lang immer wieder dem Kadaver seiner toten Gefährtin am Strand näherte, als ob er ihr Befinden erkunden wollte. Egal, wie viele Tiere die Expeditionsteilnehmer töteten, jene rührten sich nicht von der Stelle. Obwohl diese Spezies vom Aussterben bedroht ist, gibt es noch einige wenige Exemplare im nördlichen Pazifik. Doch die Bekanntschaft, die die Manatis auf den Kommandeurinseln mit dem Menschen gemacht haben, war schicksalhaft: Als 1826 die ersten Siedlungen zwecks kommerzieller Jagd auf Meeressäugetiere gegründet wurden – Preobraschenskoje auf der Mednyj Ostrow und Nikolskoje auf der Beringsinsel –, waren keine Seekühe mehr da.

Unverändert aber liegt der Sandstrand der Kommandeurbucht da, auf dem die Matrosen der „St. Peter" Zuflucht fanden. Die Bucht ist von zwei Seiten durch Felsklippen geschützt, die weit in den Ozean hineinreichen und bei Ebbe frei liegen. An der Stelle auf einer kleinen Anhöhe am Strand, wo Vitus Bering begraben liegen soll, stehen ein Eisenkreuz und eine Gedenktafel. Als wir dort waren, zelteten wir zwischen Grasbüscheln, Gestrüpp und Treibholz, die der Ozean bei stürmischem Wetter angeschwemmt hatte. Schönes Wetter ist hier selten, und der nächste Sturm läßt nie lange auf sich warten. So auch jetzt. Binnen weniger Minuten hatten orkanartige Winde unsere Zeltstangen niedergerissen, und wir mußten unter feuchten Planen Schutz suchen, die wir mit Baumstämmen beschwert hatten. Ebbe setzte ein, und wir stellten fest, daß das Meer die Küste bis zur Unkenntlichkeit verändert hatte. Zu unserer großen Überraschung fanden wir einige ungemein schwere, große graue Knochen, größtenteils Rippen und Wirbel, die an Land gespült worden waren. Es waren Knochen von Manatis, die vor zweihundert Jahren von den Kommandeurinseln verschwunden waren. Bald überspülte sie die Flut, wir hatten keine Zeit, auch nur einige davon ans Ufer zu schaffen. Doch es eilte ja nicht – wir würden welche aufsammeln, wenn wieder Ebbe wäre. Leider machte der nächste Wind diesen Vorsatz zunichte. Wieder einmal wurden wir Zeugen einer raschen Veränderung der Küstenlinie. Wo gestern noch nackter steiniger Boden gewesen war, war jetzt eine dicke Sanddecke mit kleinen Kieseln und, weiter draußen, einem schmalen Saum von Seetang und Treibholz.

Vertreter vieler verschiedener Robbenarten ruhen sich dicht an dicht an den Stränden der Kommandeurinseln aus.

Register

Kursive Ziffern verweisen auf Abbildungen.